丛书系国家社科基金重大招标项目《以"两个结合"继续推进马克思主义中国化时代化研究》（项目编号：23ZDA006）阶段性成果

读懂 亲仁善邻

中山大学中共党史党建研究院
理解和推进『第二个结合』丛书

张 浩 主编

罗 楠／著

人民日报出版社
北京

图书在版编目（CIP）数据

读懂亲仁善邻 / 罗楠著；张浩主编 . -- 北京：人民日报出版社，2024.9. -- ISBN 978-7-5115-8462-5

Ⅰ . D648

中国国家版本馆 CIP 数据核字第 2024L4E196 号

书　　名：读懂亲仁善邻
　　　　　DUDONG QINRENSHANLIN
著　　者：罗　楠
主　　编：张　浩

出 版 人：刘华新
策 划 人：欧阳辉
责任编辑：毕春月　刘　悦
装帧设计：新成博创 XIN CHENG BO CHUANG

出版发行：人民日报出版社
社　　址：北京金台西路 2 号
邮政编码：100733
发行热线：（010）65369509　65369527　65369846　65363528
邮购热线：（010）65363531　65363527
编辑热线：（010）65369521
网　　址：www.peopledailypress.com
经　　销：新华书店
印　　刷：北京盛通印刷股份有限公司
法律顾问：北京科宇律师事务所　（010）83622312

开　　本：710mm×1000mm　　1/16
字　　数：170 千字
印　　张：15
版次印次：2024 年 10 月第 1 版　2024 年 10 月第 1 次印刷

书　　号：ISBN 978-7-5115-8462-5
定　　价：49.80 元

如有印装质量问题，请与本社调换，电话：（010）65369463

理解和推进"第二个结合"丛书
编委会

策　划：刘志明

主　编：张　浩

编　委（按丛书顺序）：

罗嗣亮　陶　颖　吴之声　何　旗　吴　瑞　余　斌

黄越泓　骆红旭　贾　茹　邓菀莛　姚丽梅　罗　楠

总 序

读懂"第二个结合"

在庆祝中国共产党成立100周年大会上，习近平总书记首次提出马克思主义基本原理同中国具体实际相结合、同中华优秀传统文化相结合的重大论断。在党的二十大报告中，习近平总书记对"两个结合"进行了深刻阐述："中华优秀传统文化源远流长、博大精深，是中华文明的智慧结晶，其中蕴含的天下为公、民为邦本、为政以德、革故鼎新、任人唯贤、天人合一、自强不息、厚德载物、讲信修睦、亲仁善邻等，是中国人民在长期生产生活中积累的宇宙观、天下观、社会观、道德观的重要体现，同科学社会主义价值观主张具有高度契合性。"在2023年6月2日召开的文化传承发展座谈会上，习近平总书记再次论及"两个结合"，特别对"第二个结合"进行了充分论述，阐明了马克思主义基本原理同中华优秀传统文化相结合的内在机理，即彼此契合、互相成就，揭示了马克思主义基本原理同中华优秀传统文化相结合对于筑牢道路根基、打开创新空间、巩固文化主体性方面具有重大意义。习近平总书记还强调，

"第二个结合"是又一次的思想解放,是中国共产党对马克思主义中国化时代化历史经验的深刻总结,表明了党在传承中华优秀传统文化中推进文化创新的自觉性达到了新高度。

马克思主义基本原理同中华优秀传统文化相结合的根本原因在于二者的契合性

产生于不同社会环境下的两种思想文化,要想达到相互适应、相互融合的和谐统一状态,彼此之间必须具有高度的契合性,这是促使两种文化有机结合进而造就一个新的文化生命体的根本原因。习近平总书记在文化传承发展座谈会上强调:"马克思主义和中华优秀传统文化来源不同,但彼此存在高度的契合性。"这种内在契合性可以体现在宇宙观、社会观、价值观、方法论等方面。

其一,宇宙观的契合性。宇宙观,又可以称为世界观,是人们对于客观存在的物质世界到底是什么以及如何认识客观物质世界的总的看法和根本观点。马克思主义世界观主要指对自然界、人类社会以及人与自然关系的整体看法,是指导人们认识和探索宇宙世界的思想指南。在对自然界的认识上,马克思主义强调自然规律的客观性,认为人类来自自然界,与自然界有着天然的和谐关系,即"人本身是自然界的产物,是在自己所处的环境中并且和这个环境一起发展起来的"[1]。在对物质存在方式的认识上,马克思主义认为,要从物质运动的表现形式出发来认识客观世界,指出:"一切存在的基

---

[1]《马克思恩格斯选集》第3卷,人民出版社2012年版,第410页。

本形式是空间和时间，时间以外的存在像空间以外的存在一样，是非常荒诞的事情。"①马克思主义的自然观和时空观作为世界观的重要组成部分，是马克思主义世界观的思想坐标，是考察人类社会发展规律的理论基础，也是从实际出发考察国家现实发展的思想根据。基于此，坚持一切以时间、地点和条件为转移的方法论成为将马克思主义基本原理应用于具体社会实践的逻辑前提，也为能够同中华优秀传统文化相结合提供了内在根据。

中华优秀传统文化的宇宙观，以"天人合一"为思想内涵，以中国人认识世界和改造世界的时空观为逻辑起点，是世界观借以中国语言的特殊表达。关于对自然的看法，中华优秀传统文化崇尚"天人之际，合而为一"的境界，阐述了"天道"和"人道"的相互关系，提出了人们应当恪守的行为准则。具体而言，"天道"即天地之间万事万物运行的客观规律，"人道"即在人类社会中规范人们行为方式的道德准则和精神品质以及人类社会发展运动的客观规律。二者的关系为"天地与我并生，而万物与我为一"，即人不仅属于自然界的一部分，其本身还需要通过修身养性以达到与自然界和谐统一的境界。对时空的看法，源于对"宇宙"的考察。"宇宙"一词，可追溯至《庄子·齐物论》："奚旁日月，挟宇宙？"《经典释文》引《尸子》之言道："天地四方曰宇，往古来今曰宙。"这表明，"宇宙"作为表述时空的概念，已经为人们所用，其中，"天地四方""往古来今"即是对"时空"的中国话语表达。此外，郭象注《庄子·庚桑楚》提道："宇者，有四方上下，而四方上下未有

---
① 《马克思恩格斯文集》第9卷，人民出版社2009年版，第56页。

穷处；宙者，有古今之长，而古今之长无极。"可以看出，中国古人对于"宇宙"的探索已经达到新的境界，即道出了空间存在的现实性、时间交替的继起性以及时间和空间发展的无限性。这些观点都与马克思主义的时空观高度契合，为同马克思主义基本原理相结合准备了思想条件。

其二，社会观的契合性。社会观指的是关于社会中的人类活动、社会发展的动力因素以及社会发展的趋势方向的整体看法。马克思主义社会观从"现实的人"出发，考察人类社会的实践活动，提出人类社会发展的终极目标和最高理想。在科学实践的基础上，马克思主义社会观以人类社会或社会的人类为出发点和立足点，对人类社会发展动力展开考察，认为人民群众的整体诉求和行动轨迹代表社会发展的方向，是推动社会变革发展的决定力量。由此，在推动社会变革发展的具体实践中，要坚持把人民群众放在至高无上的地位，发挥人民群众改造现存社会、追求理想社会的强大力量。关于理想社会，马克思主义提出人类社会的发展趋势为共产主义社会，即每个人的自由全面发展的美好社会。在这个理想社会中，社会生产力高度发展、物质资料极大丰富、旧式分工彻底消除、阶级对立和剥削压迫彻底消亡、生产资料实现公有，社会关系高度和谐，全体社会成员得到自由全面发展。到那时，全人类有着共同的利益基础，社会成为"真正的共同体"，人们真正摆脱了"人的依赖关系"和"物的依赖关系"，真正实现了每个人的"自由发展"。

中华优秀传统文化的社会观，基于"天下观"的基本理念，倡导"以民为本"的重要思想，将"大同"作为社会发展的终极目标，体现了中国人民家国同构的情怀伦理和对美好社会的向往追求。中华优秀传统文化视黎民百姓为国家根本,其中所蕴含的"民为邦本"思想由来已久。《尚书》载:"民惟邦本,本固邦宁。"《孟子·尽心下》提出:"民为贵,社稷次之,君为轻。"《荀子·哀公》提出:"君者舟也,庶人者水也。水则载舟,水则覆舟。"中华优秀传统文化强调对"民"的重视,并将其丰富和拓展成为中华民族宝贵的精神财富,在一定意义上也成为栽培马克思主义"人民至上"观念的思想土壤。关于未来社会构想,《礼记·礼运》提出的"大道之行也,天下为公"以及对大同社会的描绘,道出中华民族对美好社会的千年夙愿。其中,关于大同社会"矜寡孤独废疾者皆有所养""货恶其弃于地也,不必藏于己;力恶其不出于身也,不必为己"等的描述,实际上体现了人们对于物质资料丰富充裕和社会公有制的追求,这也与共产主义的理想追求有着共通之处,增强了中华民族对马克思主义的认同感。"任人唯贤"出自《尚书·咸有一德》,体现的是重视人才,唯贤是举。马克思主义在确认人民群众在社会历史发展中的主体作用的同时,并不否认少数英雄人物起到的关键作用,这与中华优秀传统文化具有契合性。"为政以德"出自《论语·为政》,"为政以德,譬如北辰,居其所而众星共之",讲的是统治者和官员要有道德操守,在重视个人品德、遵守政治规则的同时,尽力施行仁政,体现的是正身爱民的思想。"为政以德"是"民为邦本"思想的延伸和在政治上的表现,与"民为贵,社稷次之,君为轻"是相通的,同马克思主义的群众观点和群众路线也是相通的。"讲信修睦"最早出自《礼记·礼运》,核心含义是人与人之间、国与国之间要讲究信用，谋求和睦，强调信用与和睦，涉及人际关系乃至团体、群体的互相交往层面。"亲仁善邻"出自《左传·隐公六年》，"亲仁善邻，国之宝也"，讲的是国家民族间要和平相处，不以邻为壑，这也与中华文明的和平性相一致。"革故鼎新"源于《周易》的《革卦》与《鼎卦》，后世将其合二为一作为成语，意指改变社会上陈旧的、不合时宜的旧事物、旧制度，革除违背世道人心的不良因素，荡涤阻碍历史潮流的瑕秽污渍，它与马克思主义所讲的社会革命思想观点相契合。总之，中华优秀传统文化的社会观中关于人民主体力量和未来理想社会的思想与马克思主义社会观高度契合，为二者有机结合奠定了观念基础。

其三，价值观的契合性。价值观，是人们对于是非曲直的认知、判断和选择，体现着人们对于某种精神境界的追求和向往。马克思主义价值观，坚持以人的自由全面发展为核心目标和最高价值，以个人与社会的辩证统一为基本原则和实践遵循，旨在为绝大多数人谋利益，追求真正的普遍的共同利益。马克思、恩格斯在阐明"人的本质"和"社会关系"的基础上，提出个人与社会关系。立足于"人的本质在于其社会性"的观点，马克思主义认为，个人是社会的一部分，个人应该承担起推动社会发展的责任，个人离开了社会就无法生存。基于此，马克思主义提出集体主义的价值观念和道德原则，认为个人只有实现其社会价值才能实现其个人价值。此外，马克思、恩格斯还进一步指出，在共产主义社会，个人利益与社会利益高度一致，个人在维护社会利益的同时，社会也在保障个人利益，即"每个人的自由发展是一切人的自由发展的条件"①。马克思主义这种基于人的本质立场的集体主义价值观念和核心目标，为其同中华优秀传统文化深度融合开拓了道路。

中华优秀传统文化的价值观，有明显的集体主义情感倾向，强调群体高于个体。在宗法制的影响下，古代中国强调个人要遵循社会秩序和等级分配，通过"克己"达到"复礼"，以维护封建统治。具体而言，"仁"的价值观念要求人们与人为善，尊重他人，对他人负责；"义"的价值观念要求人们对他人和社会公共利益作出贡献；"礼"的价值观念要求人们遵循社会礼仪，维护社会秩序和规范。中华文明强调的"自强不息"，出自《周易·乾卦·大象传》，"天行健，君子以自强不息"，意指一个人要有志向，要奋斗上进。"厚德载物"一词，出自《周易·坤卦·大象传》中的"地势坤，君子以厚德载物"，指的是人作为天地之间的个体，应当取法于大地，不以个人得失为意，包容万物和他人。从国家层面来看，中华优秀传统文化提倡"苟利国家生死以，岂因祸福避趋之"的家国情怀和"修身、齐家、治国、平天下"的道德追求，认为只有融入社会、忠君报国才是有高尚品德的"君子"。以上种种都体现了中华优秀传统文化对个人的道德要求和行为准则，是中华优秀传统文化价值观的具体彰显。概言之，无论是马克思主义关于人的社会本质和集体主义价值观的思想，还是中华优秀传统文化所讲的个人要遵循社会秩序的观念，都强调个人价值的实现要以社会价值的实现为前提，都认为个人要对社会和集体付出并作出贡献，这鲜明体现了马克思主义

---

① 《马克思恩格斯文集》第2卷，人民出版社2009年版，第53页。

基本原理同中华优秀传统文化在价值观上的高度契合。

其四,方法论的契合性。方法论,是指导人们认识和改造世界、对人们的思维和行为方式产生影响的系统理论。马克思主义方法论,即唯物辩证法,要求人们不仅要从客观现实出发,通过理性思维来认识客观世界,而且要遵循客观规律,发挥人的主观能动性,通过具体实践去改造客观世界。从马克思主义理论的发展历程来看,这一科学理论生成发展的每一步都与实践紧密相连,它从实践中产生,在实践中发展,又反作用于实践并推动新的实践。从马克思主义哲学的任务要求来看,这一哲学思想特别重视实践的重要作用,强调哲学的任务不仅是要改变人们的思维方式、帮助人们理性认识世界,更是要基于此指导人们改变世界。它阐明了实践是全部社会生活的本质的观念,启发人们在社会实践活动中应用科学理论认识。这不仅为人们提高理性认识提供了方法指南,也为无产阶级进行革命斗争提供了实践工具。更重要的是,这种理论和实践相结合的方法论也为马克思主义中国化准备了思想条件和理论前提。

中华优秀传统文化的方法论,以"行"为核心范畴,通过论述"行"与"知"、"行"与"言"、"行"与"学"等的关系,提出"知行合一""言行合一""学至于行"的观念主张。关于"知行合一"的方法论,王阳明主张"尽天下之学无有不行而可以言学者,则学之始固已即是行矣",大意是知识、道理和学问需要通过行为实践才能获得,并强调格物致知、知行合一,这实际上与马克思主义"一切从实际出发"是高度契合的。关于"言行合一"的方法论,《论语·宪问》有曰,"君子耻其言而过其行",提倡人们说话行动要一致，不能纸上谈兵。孔子还提出了考察人的品行的方法论，认为一个人的实际行动是评判其言语和道德的标准，即"听其言而观其行"。这两个观点实际上与马克思主义"实践是检验真理的唯一标准"有相似之处。关于"学至于行"的方法论，《荀子·儒效》讲道，"不闻不若闻之，闻之不若见之，见之不若知之，知之不若行之。学至于行而止矣"，即认为听到、见到和了解到都不如自己去实际行动所收获到的，只有真正行动了，知识和学问才真正实现了其价值。从本质上看，这种"学至于行"的求知方法与"实践是认识的目的和归宿"的方法论有着契合之处。

马克思主义基本原理同中华优秀传统文化相结合实质上是一场深刻的"化学反应"

马克思主义基本原理同中华优秀传统文化二者相互契合才能有机结合。那么，二者结合的实质到底是什么？对此，习近平总书记指出："'结合'不是'拼盘'，不是简单的'物理反应'，而是深刻的'化学反应'，造就了一个有机统一的新的文化生命体。"[1]这一重要论述深刻揭示了"第二个结合"的实质过程和成果形态，明确指出了二者相遇会产生创造新价值、新思想、新事物的化学反应，同时意味着二者的结合既不是内容的机械拼盘，也不是话语和范畴的简单杂糅，更不是以中华优秀传统文化为主导把马克思主义儒学化，而是经过一次次碰撞、交流、会通而实现螺旋式上升后的有机融合、

---

[1] 习近平：《在文化传承发展座谈会上的讲话》，《求是》2023年第17期。

血肉相连,乃至基因重组,进而生成新的物质。

其一,深刻的"化学反应"创造了新的文化生命体。马克思主义基本原理同中华优秀传统文化相结合所产生的"化学反应"形态集中体现在二者结合的深度与质变特性上,意味着这种"结合"不仅仅是简单的数的相加或物理拼接,而是通过深入融合和相互作用发生了根本性的变化,形成了全新的文化形态,即"新的文化生命体"。这种新的文化生命体作为马克思主义基本原理同中华优秀传统文化相结合的产物,不仅融合了二者精髓,而且在中国式现代化道路中实现了对中华文明的文化再造和生命更新,为新时代中国特色社会主义文化建设和文艺繁荣不断注入生机与活力,也为中国式现代化不断提供精神力量。在这一新的文化生命体中,马克思主义理论始终具有指导地位,不仅提供了科学的世界观和方法论,而且与中国的历史与实践紧密结合,经过长期的适应、调整和创新,形成了符合中国国情的理论体系和实践路径。通过马克思主义真理之光激活中华文明基因,中华优秀传统文化的价值观、思想精华和人文精神经历了现代化的筛选、提炼和再创造,与马克思主义基本原理相融合,共同塑造了新的文化形态,即中国式现代化的文化形态。

从"结合"的过程来看,马克思主义基本原理同中华优秀传统文化的结合,是一个坚持守正创新且具有鲜明实践导向的过程,不仅代表了中华文明内在包容性、开拓性的发展要求,也代表了马克思主义理论的创新要求、实践要求,从而产生了马克思主义在中国具体的历史与文化中生根发芽、开花结果的必然结果。这一结合过程体现出二者双向互动的机制，即马克思主义的精髓不断激活中华优秀传统文化的根脉，使中华优秀传统文化在新的历史进程中实现创造性转化和创新性发展；同时，中华优秀传统文化的精华也不断充实马克思主义的魂脉，为马克思主义的发展提供丰厚土壤和源头活水。正是在强国建设和民族复兴的宏大叙事与实践支撑下，通过对马克思主义中国化时代化内在机理、深层规律以及中华优秀传统文化的突出特性在长期实践和理论积淀中的揭示，马克思主义基本原理同中国国情、中国历史、中国文化深度融合，马克思主义在中国的文化土壤中扎根，马克思主义基本原理同中国国情相结合的深度和广度不断拓展，马克思主义基本原理同中华优秀传统文化的价值目标和价值立场达成辩证统一。在这一过程中，马克思主义的主导地位不断明确，中华优秀传统文化的世界意义和时代价值不断彰显。正是通过马克思主义同中华优秀传统文化相互作用、相互影响、相互塑造的"化学反应"，形成了一个新的文化生命体，既体现了中华文明的深厚基础，也展现了马克思主义的科学性和真理性，推动了中国特色社会主义发展和中华民族现代文明建设。

从"结合"的结果来看，马克思主义基本原理同中华优秀传统文化相结合所产生的新的文化生命体的"果"，体现出其"化学反应"不是简单元素的相加，而是深层次的、质的转化，最终诞生了全新的文化形态。在这场"化学反应"中，两种文化的相遇并非平行线的简单交错，而是深度的互渗互融。马克思主义的科学理论与中国传统文化的精神精华相互作用，经过长期的相互影响、相互改造，最终形成了既不同于传统文化的纯粹形态，也不同于马克思主义理论的原初形态，而是形成了一种新的、活的、具有中国特色的社会主义文化生命体。这一"化学反应"过程的特征，首先是选择性的融合。如同化学反应中的催化剂，特定的社会历史条件和实践需求促使这一融合过程选择性地吸收两种文化中最有益于中国社会发展的元素，去粗取精，去伪存真。其次是创造性的整合。不仅仅是物理层面的结合，更重要的是在思想深度和文化精神上的整合与创新，从而产生新的价值观念、思想理念和文化形态。最后是动态性的发展。它不是一次性完成的静态过程，而是随着社会实践的深入、时代需求的变化而持续进行的动态过程，这种文化生命体在不断的发展变化中更加成熟、充实、鲜活。因此，作为结合成果的新的文化生命体所体现的"化学反应"形态，正是在马克思主义的科学指导和中华优秀传统文化的精神滋养下，通过选择性融合、创造性整合和持续的动态性发展，形成的具有中国特色的社会主义文化。新的文化生命体不仅丰富了中国社会的文化景观，也为推进社会主义现代化建设、增强民族文化自信和促进人类文明进步提供了重要精神力量。

其二，深刻的"化学反应"开辟出中华民族现代文明建设之路。马克思主义基本原理同中华优秀传统文化相结合催生了新的文化生命体。这一新的文化生命体不仅重新定义了民族的精神面貌，也为中国式现代化奠定了文化根基。通过深刻的"化学反应"，马克思主义的科学理论与中华优秀传统文化的人文精神相互作用、相互渗透，共同构筑起中华民族现代文明的坚实基础，开辟出一条融合传统智慧与现代科学的现代文明建设之路。

一是重新定义了中华民族现代文明的精神面貌。马克思主义基本原理同中华优秀传统文化深层次、全方位的相互作用与渗透而形成的全新文化形态，对中华民族现代文明的精神面貌产生了深刻影响。马克思主义的科学理论提供了分析社会发展规律的工具，而中华优秀传统文化则赋予了民族精神深厚底蕴，二者的结合为中华民族现代文明提供了发展进程中所需的精神指引和文化自信。马克思主义关于人的自由和全面发展的观点，与中华优秀传统文化强调的和谐、中庸之道等价值观念的融合，形成了促进个人与社会、人与自然和谐共生的现代文明导向，不仅促进了社会的和谐稳定，也激发了个体的创造力和社会责任感，重新定义了中华民族现代文明的精神面貌，使之更加积极向上、开放包容。马克思主义真理之光激活了中华民族优秀基因，深化了中华民族对于文化根源和未来发展方向的自我认知。通过创造性转化和创新性发展，中华传统文化在马克思主义指导下吸收一切先进思想和理念，不仅巩固了自身深厚的文化底蕴，还形成了面向未来的开放态度和创新精神。这种精神面貌的转变，为中华民族在人类现代化历史进程中巩固文化主体性、加强文化创造性提供了源源不断的思想精华和精神动力。

二是为建设中华民族现代文明指明了前进方向。马克思主义的科学理论为建设中华民族现代文明提供了科学的理论指导，为当代中国的物质文明、精神文明、政治文明、社会文明和生态文明的协同发展指明了方向。马克思主义并不是与中国传统文化割裂的外来理论，而是在同中华优秀传统文化相结合的过程中，不断被赋予中国特色和时代内涵，使其能够更好地适应中国的国情和文化背景，从而更好指导中华民族现代文明的发展。马克思主义的科学理论与中华优秀传统文化的人文精神的结合，不仅丰富了中华民族现代文明的科学内涵，也为中华民族现代文明发展进程中遇到的理论与实践问题提供了独特的解决方案。中华优秀传统文化强调的和谐、中庸之道、重视道德和集体利益等价值观，与马克思主义关于社会公平、人的全面发展的理论相结合，形成了具有中国特色的社会主义价值体系，塑造了中华民族现代文明的价值方向，也为处理社会矛盾、促进社会和谐与进步提供了文化基础。马克思主义基本原理同中华优秀传统文化的结合，使中华民族现代文明实现了发展与创新。在文化层面，促进了传统文化的创造性转化和创新性发展，使中华文化在全球化语境下既保持了自身的独特性，又彰显了自身的开放性和包容性；在制度层面，既吸收了马克思主义的科学原理，又融合了中华优秀传统文化的治国理政智慧，形成了中国特色社会主义制度，有效推进了国家治理体系和治理能力现代化。

三是构筑起中华民族现代文明的坚实基础。马克思主义深刻揭示了人类社会发展的基本规律，为中华民族指明了社会主义现代化的基本方向；而中华优秀传统文化所蕴含的深厚人文精神，特别是关于和谐、中庸、仁爱的价值观念造就了民族道德文化的支撑力量，不仅保证了中华民族现代文明建设的科学性和进步性，也确保了其道德性和人文性，塑造了一种富有现代化张力的文明新形态，使古老的中华民族在明德修身上焕发新风貌。这一深刻"化学反应"也在推动着中华文明从传统文明向现代文明的转变，使中华民族不仅在物质层面实现现代化，更在精神和文化层面完成自我超越和接续发展，推动中华文明实现从以农业文明为主导的传统文明向以工业化、信息化、全球化为特征的现代文明的转变，增强文明自觉与文明自信相统一的历史主动。

其三，深刻的"化学反应"实现了又一次思想解放。在马克思主义基本原理同中华优秀传统文化相结合的深刻的"化学反应"中，二者精髓的融合实现了又一次思想解放的历史性跨越。这一结合深植于中国共产党解放思想的历史进程，体现了对党的理论创新经验的总结和对文化发展规律的洞察，同时展现了马克思主义中国化时代化的生动实践。通过这一结合，中华优秀传统文化得到创造性转化和创新性发展，马克思主义在中国的土壤中焕发出新的活力，为中华民族现代文明建设奠定了坚实的理论和文化基础，推动了中华文化在新时代的自信与自强，为中国式现代化探索提供了正确方向和强大动力。

首先，这场"化学反应"推动了对马克思主义与中华文化关系认识的思想解放。这场"化学反应"强调了马克思主义基本原理同中华优秀传统文化之间高度的契合性，打破了二者不可兼容的错误理解，促进了马克思主义文化理论的不断完善和发展。通过将马克思主义基本原理同中华优秀传统文化相结合，不仅为马克思主义在中国的发展注入了新的活力，也为中华文化的现代转型提供了科学指导和理论支持，这一过程本身就是对旧观念、旧文化的一种超越，体现了新时代中国共产党人的思想解放。在新的历史条件下，对马克思主义基本原理同中华优秀传统文化的结合进行时代化的阐释，形成了一系列关于社会主义文化建设的新的理论观点和实践成果，其精华就是习近平文化思想。这不仅为中华民族现代文明建设提供了根本遵循，也实现了思想理论的守正创新，有效推动了中国特色社会主义文化事业的发展。

其次，这场"化学反应"推动了对中国与马克思主义关系认识的思想解放。长期以来，在对中国与马克思主义关系问题的认识上，一部分人片面强调马克思主义科学理论对中国发展的深刻影响，但对中国之于马克思主义理论体系的发展贡献闭口不提。充分肯定马克思主义深刻改变了中国的认识当然是正确的，但停留于这样的认知是不全面的，因为这只看到了问题的一个方面。而"第二个结合"的提出，则使我们认识到马克思主义和中国是互相成就的关系，不仅马克思主义深刻改变了中国，中国也极大丰富和发展了马克思主义，这样的认识才更加全面。马克思主义基本原理同中国具体实际相结合侧重于理论与实践、主观与客观、应用与被应用的关系问题，这一结合做得再好，就其本质而言，也只能体现对马克思主义科学理论的深刻理解和有效运用，无法真正让马克思主义成为中国的。如果说这种结合语境下的"中国"具有明显的受动特质，那么"第二个结合"中的"中国"则表现出强烈的主体能动性。"第二个结合"触及古与今、中与西之间的交流互鉴和融合发展问题。正是通过深刻的"化学反应"，中华优秀传统文化得以进入马克思主义谱系之中，使马克思主义从中华文化沃土中获得丰厚滋养，使身为"舶来品"的先进理论真正内化为中华民族现代文明的有机组成部分，让马克思主义成为中国的。

再次，这场"化学反应"推动了对传统与现代关系认识的思想解放。对于传统文化，过去由于多种因素，有的人往往坚持着这样一种形而上学的偏见：将传统与现代文明机械地对立起来，一提到"传统"就认为是落后的、过时的、陈腐的，而"现代"就是进步的、发展的、时髦的，由此呼吁建设现代文明就必须彻底抛弃传统。事实上，传统与现代之间并非简单的对立或断裂关系，而是有着更为复杂的内在联系，呈现出相互兼容、相互作用的鲜明特征。"第二个结合"在厘清传统与现代关系层面实现了思想解放，凸显了中华优秀传统文化在现代化进程中的地位和价值，要求从连续性和整体性维度考察由传统中国到现代中国的发展演进过程，将中国视为一个连续发展的有机整体。传统与现代是相互影响、相互交融、相互塑造的，中国式现代化强调赓续而非消灭古老文明，是文明更新的结果，而不是文明断裂的产物。"第二个结合"强调以文化底蕴筑牢道路根基，让新时代的道路建设实践有了更为宏阔深远的历史纵深。中国式现代化与中华文明是相互影响、协同推进的，前者赋予后者以现代力量，后者赋予前者以深厚底蕴。

马克思主义基本原理同中华优秀传统文化相结合巩固了文化主体性

马克思主义基本原理同中华优秀传统文化相结合最根本的价值体现在什么地方？对此，习近平总书记在文化传承发展座谈会上指出，"第二个结合"巩固了文化主体性。何为文化主体性？这里的主体性，特指某一主体在文化活动中的重要地位。毫无疑问，这里的

读懂亲仁善邻

主体当然是指中国。因此，文化主体性实质上是指"在文化层面上彰显当代中国作为主体的特殊性质"[①]，是指中国共产党和中国人民对自身文化发展的高度主动权。习近平总书记强调："有了文化主体性，就有了文化意义上坚定的自我。"[②] 拥有坚定的自我，更是凸显了中国这个主体在文化活动中的自主性和主动性。"第二个结合"巩固了文化主体性，具体体现为增强了文化自觉、坚定了文化自信、提升了文化自立、推进了文化自强。

其一，增强了文化自觉。何为文化自觉？一般认为，"文化自觉"一词最早由费孝通提出。费孝通认为，文化自觉是指"生活在一定文化中的人对其文化有'自知之明'，明白它的来历，形成过程，所具的特色和它发展的趋向"[③]。他进一步分析，这种文化自觉并不是要复古，也不是要全盘西化，而是为了加强文化转型和文化选择中的主动性以及主动地位。从这一角度来看，"第二个结合"正是如此。它深刻总结文化发展的历史规律，提出文化传承发展的方法，强调守正不守旧、尊古不复古，坚持古为今用、洋为中用，大大增强了中华民族的文化自觉。首先，"第二个结合"是文化传承发展的重要途径和方法。中华优秀传统文化源远流长、博大精深，是中华文化的根脉。但其归根到底是古代小农经济的产物，要使其跟上时代步伐，在当代继续发挥巨大作用，就必须在马克思

---

① 刘同舫：《"第二个结合"与文化主体性的巩固》，《思想理论教育》2024年第1期。
② 习近平：《在文化传承发展座谈会上的讲话》，《求是》2023年第17期。
③ 费孝通：《反思·对话·文化自觉》，《北京大学学报（哲学社会科学版）》1997年第3期。

主义这个魂脉的指导下，实现创造性转化和创新性发展。二者互相作用，互相成就，造就一个新的文化生命体，实现中华文化的新生。其次，"第二个结合"是对文化建设的规律性总结与认识。"第二个结合"不仅是理论逻辑上的必然结论，还是在对近代以来中国文化发展历史进行深刻总结的基础上得出的规律性认识。鸦片战争以后，中国逐步沦为半殖民地半封建社会。面对西方在文化领域的进攻，建立在小农经济基础之上的中国传统文化，在西方先进的资本主义文化面前败下阵来。中国人苦苦寻找文化发展的出路，直到马克思主义传入中国，才逐渐掌握了文化发展的主动权，在精神上由被动转为主动。中国共产党深刻认识到，马克思主义在中国的传播和发展，必须经由一定的民族形式才能够实现，必须同中华优秀传统文化相结合。正是因为坚持"第二个结合"，中国共产党领导人民创造了革命文化和社会主义先进文化，真正推动了中华文化在当代中国的大发展大繁荣。再次，"第二个结合"实现了马克思主义中国化时代化新的飞跃。党的十八大以来，以习近平同志为主要代表的中国共产党人坚持"第二个结合"，立足新时代中国实际，充分汲取中华优秀传统文化中的精华养分，创立了习近平新时代中国特色社会主义思想。从其科学的世界观和方法论，到治国理政的智慧和布局，习近平新时代中国特色社会主义思想闪耀着"第二个结合"的光辉，是中华文化和中国精神的时代精华，实现了马克思主义中国化时代化新的飞跃。

其二，坚定了文化自信。何为文化自信？顾名思义，文化自信就是对自身文化的价值有着高度的认识和肯定，以及对自身文化发展的坚定信心。文化自信是一个国家、一个民族立得住、站得稳、行得远的最大底气。一个民族的文化自信，往往需要经历长期的历史过程，需要经历岁月的反复淘洗和沉淀，需要对自身文化成果有着深刻的总结和继承，还需要对本民族优秀传统文化怀有足够礼敬。"第二个结合"的提出，标志着党的文化自信达到了新的高度。"第二个结合"指出文化自信的重要来源、突出内容和提升路径，大大坚定了中华民族的文化自信。首先，"第二个结合"指出了文化自信的重要来源。习近平总书记指出："中华优秀传统文化是中华文明的智慧结晶和精华所在，是中华民族的根和魂，是我们在世界文化激荡中站稳脚跟的根基。"[1] "第二个结合"充分肯定了中华优秀传统文化的重要作用，指出中华优秀传统文化是我们民族的自信之基、力量之源，是中华文明数千年来生生不息的精神力量，是中华民族历经千难万险依然屹立于世界民族之林的精神支柱。其次，"第二个结合"指出了文化自信的突出内容。中华优秀传统文化中丰富的哲学智慧、历史经验、人生价值、治国理念，是中华文明特有的精神标识，充分体现了中华民族自强不息的奋斗精神和饱含智慧的无穷创造力。再次，"第二个结合"揭示了文化自信的提升路径。要立足中华民族伟大历史实践和当代实践，坚持用中国道理总结好中国经验，加快构建中国特色哲学社会科学；坚持把中国经验提升为中国理论，不断推进马克思主义中国化时代化；坚持用中国理论回答好中国问题，为新时代中国特色社会主义伟大实践提供科

---

[1]《习近平关于社会主义精神文明建设论述摘编》，中央文献出版社2022年版，第236页。

学理论指导。

其三，提升了文化自立。何为文化自立？立，就是要立足和扎根中国大地。文化自立就是强调作为文化主体的中国共产党和中国人民，以中国的优秀传统文化为滋养，以中国的社会实践为根据，排除外来因素的侵蚀和干扰，独立自主发展自己的先进文化。"第二个结合"坚持马克思主义指导，坚持从中国实际出发，充分运用中国传统智慧和文化资源，推动新时代文化发展，帮助我们党牢牢巩固文化领导权，大大提升了中华民族的文化自立。首先，"第二个结合"巩固了马克思主义在意识形态领域中的指导地位。马克思主义是我们立党立国、兴党兴国的根本指导思想，但是马克思主义不是一成不变的教条，它必须随着时代的发展而发展，才能始终保持旺盛生命力；必须结合当地的历史文化条件，才能更好地在本土扎根、传播，保证其作为指导思想的重要地位。"第二个结合"坚持守正创新，用中华优秀传统文化充盈、丰富了马克思主义，推动了马克思主义中国化时代化，使其更能符合中国实际，更能为中国人民所接受、领悟和掌握。这在根本上巩固了马克思主义在意识形态领域的指导地位。其次，"第二个结合"加强了中国共产党和中国人民作为文化主体的实践主动性。党的十八大以来，以习近平同志为核心的党中央科学总结中华文化发展历程，深刻洞悉中华文化发展大势，作出一系列关于文化建设的重要论述，并团结带领全国人民加以实践：强调必须坚持自信自立，中国的问题要立足中国实际，由中国人民自己来回答；强调必须加快构建中国特色哲学社会科学，必须体现继承性、民族性，充分利用好中华优秀传统文化资源，在吸收升华的基础上，使民族性更符合当代中国实际和人类发展要求；强调中国式现代化是赓续古老文明的现代化，而不是消灭古老文明的现代化，是从中华大地长出来的现代化，不是照搬照抄其他国家的现代化；等等。再次，"第二个结合"抵御了各类错误思潮的侵扰。习近平总书记指出："我们的同志一定要增强阵地意识。宣传思想阵地，我们不去占领，人家就会去占领。"[①] 面对各式各样的社会思潮、相互碰撞的价值理念、激烈变化的传播态势，"第二个结合"为我们坚持正确的文化建设方向，抵御各类错误思潮的侵扰提供了强大的思想武器：反对任何形式的文化复古主义，坚持推陈出新、革故鼎新；反对文化全盘西化论，正确对待西方文化，吸收人类文明一切有益成果，为我所用；反对西方在意识形态领域的和平演变，坚守社会主义文化建设的正确方向，增强中华文化在国际上的影响力。

其四，推进了文化自强。何为文化自强？进入新时代，中国人民迎来了从站起来、富起来到强起来的伟大飞跃。要真正实现强起来，不仅在物质层面要强，在精神层面也要强。文化自强，就是指中华民族依靠自己的努力，使自身在精神文化领域强起来。"第二个结合"是我们党对中华文明发展规律的深刻把握，为我们提供了一条在精神层面实现强起来的正确路径，为我们担负起新的文化使命指明了正确方向，大大推进了中华民族的文化自强。首先，"第二个结合"对推动文化繁荣有重要意义。勤劳勇敢的中国人民创造

[①]《习近平关于社会主义精神文明建设论述摘编》，中央文献出版社2022年版，第67页。

了灿烂辉煌的中华文化，开创了文化繁荣的美好景象。中华优秀传统文化滋养了一代代中国人，塑造了中国人的精神气质，满足了中国人的精神需求。如今，在新时代推进文化发展繁荣，中华优秀传统文化依然存在巨大价值。"第二个结合"将中华优秀传统文化的巨大价值充分彰显和发挥出来，使之与现代社会相适应，与社会主义核心价值观相协调，与当今时代发展与人民需求相符合，为社会主义文化大发展大繁荣提供源源不绝的养分。其次，"第二个结合"对建设文化强国有重要意义。习近平总书记指出，要"推动中华优秀传统文化创造性转化、创新性发展，继承革命文化，发展社会主义先进文化，不断铸就中华文化新辉煌，建设社会主义文化强国"[1]。国家的强盛，既要看经济军事等硬实力，也要看文化软实力。建设社会主义文化强国，是全面建设社会主义现代化国家的题中应有之义，而"第二个结合"是建设社会主义文化强国的重要途径。中华优秀传统文化中刚健有为、自强不息的精神气质激励着一代代中国人面对困境百折不挠，是刻在中国人骨子里的文化基因。今天，面对艰巨繁重的建设任务，中华优秀传统文化依然是中国人迎难而上的动力之源，"第二个结合"为建设文化强国提供了坚实的历史文化基础。再次，"第二个结合"对建设中华民族现代文明有重要意义。习近平总书记指出："中华优秀传统文化是中华文明的智慧结晶和精华所在，是中华民族的根和魂，是我们在世界文化激荡

---

[1] 《习近平关于社会主义精神文明建设论述摘编》，中央文献出版社2022年版，第30页。

中站稳脚跟的根基。"①建设中华民族现代文明,是推进中国式现代化的必然要求。中国式现代化是赓续古老文明的现代化,而不是消灭古老文明的现代化。要赓续古老文明,就必须使中华文明从适应自然经济的传统状态转变为适应工业社会的现代状态。"第二个结合"打通了中华优秀传统文化与现代文明相适应的关键渠道,使传统的成为现代的,更好地构筑起中国精神、中国价值、中国力量。

文化兴则国运兴,文化强则民族强。当今世界正经历百年未有之大变局,"源浚者流长,根深者叶茂"。站在历史的交汇点,在全面建成社会主义现代化强国、实现第二个百年奋斗目标的新征程上,我们应充分认识中华优秀传统文化的重要价值,坚定文化自信、历史自信,大力推进中华优秀传统文化的研究与传承。要坚持马克思主义理论的科学指导,透过表象看历史,深入挖掘中华优秀传统文化的精神标识和文化精髓,把马克思主义基本原理同中华优秀传统文化精髓融会贯通,进行创造性转化和创新性发展,赓续中华文脉,谱写当代华章。要深刻把握中华优秀传统文化的当代价值,充分发挥中华优秀传统文化的引领作用,把马克思主义基本原理同中国具体实际、同中华优秀传统文化相结合,坚定不移推进马克思主义中国化时代化,在守正中创新,在传承中发展,讲好"第二个结合"故事,更好推进中华民族现代文明的发展。

在中华人民共和国成立75周年、中山大学成立100周年之际,中山大学中共党史党建研究院组织专家学者撰写的理解和推进"第

---

① 《习近平关于社会主义精神文明建设论述摘编》,中央文献出版社2022年版,第236页。

二个结合"丛书的出版,具有重要的政治意义和纪念意义。同时,这套丛书是国家社科基金重大招标项目《以"两个结合"继续推进马克思主义中国化时代化研究》(项目编号:23ZDA006)阶段性成果,具有一定的学术意义。

希望这套丛书在深化对党的二十大精神、文化传承发展座谈会精神和习近平文化思想研究阐释方面立新功,在深化对"第二个结合"研究方面谋新篇,在推动讲好中华优秀传统文化故事、中国共产党故事等方面探新路。

是为序。

张 浩

中山大学中共党史党建研究院执行院长

目 录

第一章 / 001
亲仁善邻的思想内涵

第一节　亲仁善邻的内涵阐释…………………………………… 003

第二节　亲仁善邻的历史渊源…………………………………… 010

第三节　亲仁善邻的思想精髓…………………………………… 015

第二章 / 025
马克思主义理论与亲仁善邻的契合性

第一节　马克思主义战争和平观与亲仁善邻的问题导向相契合…… 027

第二节　马克思主义国际秩序观与亲仁善邻的交往准则相契合…… 031

第三节　马克思主义的共产主义信仰与亲仁善邻的终极追求相契合… 038

第三章 / 045
中国共产党对亲仁善邻的认识与实践

第一节　社会主义革命和建设时期践行亲仁善邻⋯⋯⋯⋯⋯⋯　048

第二节　改革开放与社会主义现代化建设新时期践行亲仁善邻⋯⋯　063

第四章 / 107
新时代新征程继续践行亲仁善邻

第一节　亲仁善邻开新篇⋯⋯⋯⋯⋯⋯⋯⋯⋯⋯⋯⋯⋯⋯⋯　109

第二节　完善对外工作体制机制⋯⋯⋯⋯⋯⋯⋯⋯⋯⋯⋯⋯　130

第三节　开创中国特色大国外交新局面⋯⋯⋯⋯⋯⋯⋯⋯⋯　155

第四节　直面国际关系现实挑战⋯⋯⋯⋯⋯⋯⋯⋯⋯⋯⋯⋯　181

01

第一章

亲仁善邻的思想内涵

第一章
亲仁善邻的思想内涵

第一节 亲仁善邻的内涵阐释

"亲仁善邻"这个词最早出自《左传·隐公六年》,相传为春秋时期的左丘明所著。据《左传》记载,鲁隐公六年,郑庄公的军队攻打陈国,大获全胜。在此之前,郑庄公曾请求与陈国讲和,陈桓公不答应。陈国的执政大臣五父劝谏陈桓公曰:"亲仁善邻,国之宝也。"五父把"亲仁善邻"当成立国的法宝劝谏陈桓公与郑国休战。但是五父的劝谏并没有奏效——陈桓公以为当时的郑国弱小,未能虚心接受五父的建议,表示:"宋、卫实难,郑何能为?"他没有把郑国放在心上,由此导致后来郑庄公入侵陈国,并获得全胜。可以看到,亲仁善邻最初的典故实际上是一个未能"亲仁善邻"所以造成恶果的反面例子。尽管如此,"亲仁善邻"这个词却流传了下来,在以后的典籍当中被多次引用,被奉为中华民族一以贯之的处世之道。亲仁善邻的意思,一般理解为与仁者亲近,与邻邦友好;也可以理解为亲近仁义,友好邻邦。长久以来,亲仁善邻一直是中国人人际交往所遵循的重要指南,也是国际交往所奉行的重要原则。

一、何为"仁"

在亲仁善邻的概念中,核心字眼在于"仁"和"邻",即遵循仁爱友善的原则与邻国相处,是国与国之间和谐相处的前提条件。首先,"仁"是会意字,最早出现于春秋晚期的金文。金文的"仁"字,左边是一个"人"字,一个站立的人;右边是一个"二"字,是一个重写符号,整个字表示的是紧紧依靠的两个人。古人之所以不把"仁"字直接写成两个"人"字,是因为当时已经有了这样一个字,即"从"字。将"仁"字写成这样子,就是为了和"从"字区分开来,为这个字赋予"人与人之间友善、相亲、和平相处"的意涵。"仁"这个字从形态来看,是"两个相互依靠、相亲的人",表明了人与人之间的一种关系。人类的本性是合作,这保证了人类作为一个物种几百万年来的生存。为此,人们必须相互感同身受,在需要时相互帮助,如果我们只是以自私自利的方式行事,这就违背了"仁"的原则。

如何在交往中真正体现"仁"呢?对此,中国古代思想家极富远见卓识,颇值得我们深思和借鉴。中国传统的人际交往智慧是由儒家的仁爱精神来立基的。众所周知,春秋末期,周文疲敝,礼坏乐崩,孔子以"仁"释"礼",开创儒学,将"仁"提升为儒家人文传统的重要精神内核和思想支撑。子曰:"人而不仁,如礼何?人而不仁,如乐何?"[1]千百年来,在以"仁"为重要内核的儒家文化影响下,中国人立身处世往往都以"求仁""成仁""行仁""为

---

[1] 罗安宪:《论语》,人民出版社2017年版,第12页。

第一章
亲仁善邻的思想内涵

仁"等作为目标和要求。关于"仁",孔子说,"夫仁者,己欲立而立人,己欲达而达人""己所不欲,勿施于人"。仁者自己想立身于世,也要使别人立身于世,自己想做事通达,也要使别人做事通达。自己都不喜爱的事情,不要强加于别人。子曰:"能近取譬,可谓仁之方也已。"凡事能就近以自己作比,而推己及人,可以说就是实行仁的方法了。以"仁"作为原则,以"能近取譬"作为"仁之方",在人际交往中,中国人向来主张将心比心、换位思考,以忠恕之道待人。

中华文化不仅关照个人内部精神世界的道德培养,也关照个人与外部世界相处的道德原则,进而形成了与外部世界交往的道德准则。古人认为能仁爱、尊敬别人之人,亦能受到同样的仁爱与尊重。《论语·季氏》中记载,季氏家臣冉有、子路二人去谒见孔子,告诉孔子说"季氏将有事于颛臾"。孔子听后,责问冉有为什么要攻打与鲁国共安危存亡的藩属。冉有却认为,颛臾城墙坚固并且离季孙分封地近,要提前将此地占领,以免留下祸害。孔子批评冉有:"闻有国有家者,不患寡而患不均,不患贫而患不安。盖均无贫,和无寡,安无倾。夫如是,故远人不服,则修文德以来之。既来之,则安之。"[①] 在孔子看来,国家财富均衡、境内和平团结,不需要武力征伐,小国就会归服。若不归服,便再修仁义礼乐的政教来使其顺服。自古以来,在中国人的国家理念与格局中,我们始终认为国家的昌盛,不是通过对外战争抢夺攻伐而来,而是施仁爱、道义于国民和邦邻,讲信修睦、修文服远。

[①] 罗安宪:《论语》,人民出版社2017年版,第119页。

仁，在中华文化中代表一种崇高的精神境界，仁既是中华文化最重要的伦理范畴，也是中华文化最核心的道德观念。孔子讲："为仁由己。"孟子讲："亲亲而仁民，仁民而爱物。"[①] 仁，既是个人道德修养的重要内容，也是社会关系发展的目标追求。仁德从施予最亲近的人开始扩展到他人乃至自然万物，成为中国人对待世界关系的态度和原则。孔子把践行仁的方法归纳为"忠恕"，强调"己欲立而立人，己欲达而达人""己所不欲，勿施于人"，一方面强调平等互利，另一方面强调将心比心，尊重他人，不以自己的意志强加于人。中国人就是以忠恕之道所蕴含的宽容、平等、自律、尊重精神面对世界的。如果从中华优秀传统文化的角度出发，我们未尝不可以把从和平共处五项原则的提出到"一带一路"倡议和人类命运共同体的构建，视作忠恕这一中国人重要道德观念跨越时空的呈现。

二、何为"邻"

关于"邻"，古人解释为两个层面。一方面指地缘上的邻居、邻里，包含亲密、亲近、亲善之意。中国古语说，"远亲不如近邻"。在中国人眼里，邻里、邻国关系不是相互对立、矛盾冲突的关系，而是相互依存、团结互助的亲人伙伴关系，这种理念一直延续至今。另一方面，"邻"亦指道义上相近、相通的国家。《论语》有言，"德不孤，必有邻"。有道义的国家，一定不会孤立于世，会吸引志同道合的国家与之相交，形成万邦汇聚、共商大计的世界图景。邻

[①] 曾振宇：《孟子新注》，人民出版社2012年版，第227页。

里、邻国的良性相处方式，《孟子·告子下》中的一则故事体现得十分充分。白圭认为自己的治水功勋比禹还大，在孟子面前得意地炫耀，孟子则回应说："子过矣。禹之治水，水之道也，是故禹以四海为壑。今吾子以邻国为壑。水逆行谓之洚水。洚水者，洪水也，仁人之所恶也。吾子过矣。"大意是大禹治水遵循水的规律，是以四海为蓄水的沟壑，所以造福了九州的百姓。而你却把邻国当作蓄水的沟壑，这种做法是典型的自私自利行为，是不仁的行为，把本国利益凌驾于邻国之上，以为这样可以解决自己国家的水患问题，结果水逆向而行，就变成了洪水，损人亦不利己。孟子认为，以邻为壑、嫁祸于邻是仁人所厌恶的无耻行径。言下之意就是说，国与国之间当以仁相交，追求讲信修睦、"聘交邻好"的外交格局。

三、"亲仁"与"善邻"的关系

亲仁善邻，是中华民族重视和睦邻里关系、树立可信赖的外部形象、构建良好地缘关系的人际智慧与处世之道的重要体现。理解亲仁善邻，需要从"亲仁"和"善邻"两个方面入手。

毋庸置疑，"亲仁"和"善邻"，都不是空洞的理念阐释或观念感受，而是传统儒家所主张的一定要付诸真实的"学而思"实践。实质而言，"亲仁"是建立"善邻"关系的基础。"仁"作为中国儒家思想的核心范畴，是中华优秀传统文化的根脉之一。"仁"在《论语》里一共出现了一百多次，是一种非常崇高的"全德"。"仁"是一个可以无限实践的过程，是一种对人的真挚感情和责任感，是可

读懂亲仁善邻

以从爱最亲近的人出发,真诚地去关怀人、成就人、成就整体公共利益的"知仁"和"行仁"的统一体。在中国古代社会,"仁"或"仁德"是一切人伦关系的伦理之德的集中体现,可以由"爱亲"之"仁"出发,成为"仁人"(有仁德之人)的道德之本或基石。

"亲仁"至少有两层意涵,分别代表着"亲仁"的两种基本对象。"亲仁"的第一层意涵,是指亲近有仁德的人;第二层意涵则是亲近"仁德"这种德行。《易经》中"同声相应、同气相求"所说的就是这个道理。"亲仁"的这两层含义,本质上都是向着"仁"那种崇高的德行无限靠近,"亲仁"所追求的正是人和人之间在平等的基础之上相亲相爱、和睦相处。亲近"仁德",既可通过"里仁居"选择有仁德风尚的安居之所实现,更需要"我欲仁,斯仁至矣"的努力,追求去达成"德日进,过日少"的境界。从"亲仁"的两层意涵来看,其本质是希望由"亲仁"来"安仁",如《论语》中所言,"君子无终食之间违仁,造次必于是,颠沛必于是""苟志于仁矣,无恶也",这是指君子会坚守仁德而不动摇,通过不间断地、不懈不止地亲近和走向"仁",来提高与完善人的德行,实现人类社会中人与人之间的相亲相爱,最终达到天下有道的目标。

"善邻"从原则性和务实性相统一的角度体现了"亲仁"理念的实践策略与方法智慧。"善邻"崇尚"仁",倡导亲诚惠容、与邻为善、以邻为伴的立场和态度,是一场基于平等的关于"责任"与"尊爱"的双向奔赴。"善邻"的本意,就是和邻居或者邻邦友好相处,而在"亲仁善邻"这个词最初出现的语境里,陈国公子五父劝诫陈桓公与郑国交好,并强调"亲仁善邻,国之宝也",其中"善

第一章
亲仁善邻的思想内涵

邻"倡导的就是与邻国为善、以邻国为伴的立场和态度,它是一种和邻国平等相待、互相尊重、友好相处的模式。在这一历史典故中,"亲仁"得以与"善邻"互文,进而揭示亲善友爱邻(国)人的重要意义。中国人的亲仁善邻的处世之道,是儒家仁道原则从人际交往向国际交往逻辑延伸所形成的思想智慧,是中国人把处理内部事务的两个标准——"仁"与"和",延伸到对待其他民族和国家的准则之中。

中华民族是重信义、讲情义的智慧民族,与邻里、邻邦和睦相处、守望相助,与不同文明多交流、多对话,不仅是中国人一贯的处世之道,也是中华民族所追求的道德目标之一。在亲仁善邻中,"亲仁"和"善邻"是相互呼应、相互补充的关系,"亲仁"是建立"善邻"关系的基础,"善邻"则是对"亲仁"理念的具体实践。由"亲仁"而起,"仁"得以具体化、一体化地融入各种人伦关系,与人为善、以邻为伴、宗族相助、家国一体,这些优秀的道德传统塑造了中华民族温良敦厚、勤劳善良、反求诸己、注重内省、推己及人、成人之美的民族性格,也是中华优秀传统文化独特的境界和魅力所在。

第二节 亲仁善邻的历史渊源

一、在历史动荡中思想萌发

在了解了"亲仁善邻"是什么之后,我们还需要理解"亲仁善邻"何以可能。换言之,从中国历史的角度看,为什么亲仁善邻会在中国外交理念中占据如此重要和特殊的地位。前文已述,亲仁善邻一词的出现始自春秋时期,那是一个战乱纷争的年代。为什么在这样一个年代中会出现亲仁善邻思想呢?

从历史上看,中国人的这种睦邻思想是由来已久的,在中国最早的典籍《尚书》中,我们就可以看到"睦乃四邻""以和兄弟"的说法。周朝初期的天子们维持了天下的和平,但是到了周朝后期的春秋战国时期,一些方国开始寻求扩大自己的权力和资源,导致许多战争和随之而来的死亡和破坏。也是在这一时期,中国出现了伟大的思想家,他们纷纷倡导和鼓励亲仁善邻思想。虽然亲仁善邻思想并不总能被当时的君王们所遵循,但这个原则却在漫长的历史中逐渐成为中华优秀传统文化的重要组成部分。

如果我们尝试追问这样一个问题:亲仁善邻思想为何没有出现在一个和平的年代,反而缘起于一个礼崩乐坏、分裂战乱的动荡年代?那么一个可能的答案是:越是在这样的板荡天下中,人们越是渴望和平,越是希望重新建立秩序。而要建立起秩序,就要依靠人类对于秩序背后的仁义原则的信心。尽管在《左传》描述的世界中,

第一章
亲仁善邻的思想内涵

背信弃义、尔虞我诈的事情层出不穷，但"礼""德""仁""敬"等关乎秩序的原则依然让人印象深刻，甚至感动不已。即使相隔两千多年，我们仍能感受到当时人们对建立理想道德秩序的渴望和追求，他们追求的"仁"的事业，无疑在人类历史上闪耀着夺目的光辉。在这种知其不可而为之的背景下诞生的亲仁善邻思想，也逐渐成为中华民族优秀传统价值观、道德观的重要组成部分。

需要我们注意的事实是：春秋时期，不仅战乱不断，而且自然灾害频发。在大的灾害面前，如果自身力量无法渡过难关，就只能寻求别国的帮助。例如，秦穆公在处理与晋国关系的过程中，就不念旧恶，解救晋国的危机。鲁僖公十三年冬，因为粮食歉收，晋惠公向秦国求购粮食。此时的秦晋关系非常微妙，两国国君虽有姻亲，但互有矛盾。秦穆公曾辅助晋惠公夺得王位，但晋惠公却拒绝兑现之前许诺让给秦国的土地。在考虑是否援助晋国时，秦穆公接受百里奚"救灾恤邻，道也。行道，有福"[①]的建议，决定出于人道关怀去救济遇到天灾的邻国，挽救了众多晋国百姓的生命。可见，即使是春秋乱世，国与国之间还是有着和睦相处、守望相助的事例的。

即使在鼎盛时期，中国也积极奉行睦邻友好的政策，从未向外侵略扩张，这与融入中华民族血液的"和"文化是分不开的。隋唐时期，各国纷纷遣使来华交流，有着求学、经商、游历、宗教活动等大量民间往来。这一时期，正如李白诗中所展现"四门启兮万国来，考休征兮进贤才。俨若皇居而作固，穷千祀兮悠哉"的万国来朝盛况。今天，在同其他文明的交流互鉴中，中国也必将不断汲取

---

① 李梦生：《左传译注》，上海古籍出版社2016年版，第297页。

世界优秀文明成果。人类越来越成为你中有我、我中有你的命运共同体,而具有"天人合一"的哲学基础、强调整体和谐的中国道德观,也势必为全球的健康发展提供有益借鉴,在和而不同、美美与共的理念中,推动人类文明的整体进步和世界和平的持续发展。

二、在中华文明中发展成长

从世界历史来看,国与国之间的交往,既有友好相处也有侵略扩张,但是纵观中国历史,中国一直秉持亲仁善邻,与世界各国友好相处,这是为什么?

从文明形态上来看,中华文明有着农耕文化的底蕴,是一种内敛的、防御的文明,它以自给自足、自食其力为生存模式和思维方式,为了耕种,世世代代祈求的都是稳定与和平,厌恶战争和攻伐,可以说,爱好和平是中华民族骨子里的基因。

从文化传统上来说,亲仁善邻思想有着深厚的历史积淀,比如,《左传》中有"化干戈为玉帛",《司马法》中强调"国虽大,好战必亡",《论语》中也说"和为贵",亲仁善邻思想根植在我们的文化基因中。

中国人自古生活在广袤的大陆环境中,各部落、各民族的友好交往从未停息,很早就有自己的天下观。如《尚书》中的"协和万邦",《周易》中的"万国咸宁",《论语》讲的"四海之内皆兄弟",《礼记》讲的"天下为公""天下一家",一直到"人类命运共同体"。天下观是中国人的卓越创造,是中华优秀传统文化最有气象、最具

第一章
亲仁善邻的思想内涵

格局的文化建构。在当代,传承和弘扬中华优秀传统文化"协和万邦"的天下观,为全球治理提供了新思维、新视野。

商朝时期,天下分"四方"和"中央"两个部分,形成了中国人天下观的基本要素。秦汉之后,夏、商、周三代松散的天下"共主"局面,为大一统的政治体制所取代,天下观逐渐深入政治理念中。经过隋、唐、宋、元、明、清各朝代,中国传统的天下观理念及其所形成的政治统治秩序日臻完善。其中,儒家"协和万邦,和衷共济,四海一家"等观念,道家"抱一为天下式"等主张,法家"为天下治天下"等观点,墨家"一同天下之义"等思想,莫不以治天下为对象来构建学说,为实现天下"太平""大同"提供思想支持。这样的天下观超越国家观,其视野、境界与气象自然非寻常可比,启示着新时代解决国际问题的思维与方法,着眼的不是对决征服,而是合作共赢。

亲仁善邻是中华民族始终遵循的国家理念与格局。"邻里好,赛金宝"等亲仁善邻的道德目标和生活方式,是中华民族重视和睦邻里关系、构建良好地缘关系的人际智慧与处世之道的重要体现。由邻里及邻邦,这一理念强调"亲仁"是建立"善邻"关系的基础,即双方都应当共同遵循仁德,体现了原则性和务实性相统一的国际关系理念,展现了中华民族崇尚"仁"与"协和万邦"的基本精神。邻里、邻邦之间命运与共、守望相助,不同文明之间交融交流、和平对话,是中华文明赓续至今的核心价值与历史基因,在中华民族的历史长河中熠熠生辉。

以仁爱友善的原则与邻国相处,是国与国之间和谐相处的前提条件，也是每个国家都应该坚持的原则。中国人始终认为，家族和国家的昌盛，从来不是通过对外战争抢夺攻伐而来的，而是施以仁爱、道义于邻人和邦邻，讲信修睦、修文服远。中国秉持亲诚惠容理念，以及与邻为善、以邻为伴的周边外交方针，深化同周边国家关系，打造周边命运共同体，充分体现了这一传统智慧。党的二十大报告指出，坚持和发展马克思主义，必须同中华优秀传统文化相结合。只有植根本国、本民族历史文化沃土，马克思主义真理之树才能根深叶茂。中华优秀传统文化源远流长、博大精深，是中华文明的智慧结晶，其中蕴含的天下为公、民为邦本、为政以德、革故鼎新、任人唯贤、天人合一、自强不息、厚德载物、讲信修睦、亲仁善邻等，是中国人民在长期生产生活中积累的宇宙观、天下观、社会观、道德观的重要体现，同科学社会主义价值观主张具有高度契合性。

中华优秀传统文化，是习近平外交思想植根的文化沃土和重要源泉，并赋予新时代中国特色大国外交以中国特色、中国风格、中国气派。研究中华优秀传统文化中所蕴含的外交智慧对于我们深入研究中华优秀传统文化与习近平外交思想的关系，以及中国外交理念的历史渊源、精神实质，推进新时代中国特色大国外交，具有重要的理论和实践意义。

第三节　亲仁善邻的思想精髓

一、以和为贵、和而不同

古往今来，中华民族皆有"和"的精神贯穿其中。亲仁善邻思想充分彰显着"和"的精神，以和为贵、和而不同。和，表现在中国人对待世界的态度是和善的，追求的国际关系是和谐的，向往的世界愿景是和平的。这一切都源于中华文化道德观中的"和"理念。和，一方面指平衡融洽，即和谐；另一方面，承认矛盾和多样性的存在，不仅不排斥差异和矛盾，反而始终相信多样性、矛盾性会朝着统一和谐的结果发展，即和而不同。因此，"和"体现着兼容并蓄、包容开放的胸怀。千百年来，和而不同一直是中华民族对待世界的态度。《尚书·尧典》提出："克明俊德，以亲九族。九族既睦，平章百姓。百姓昭明，协和万邦，黎明於变时雍。"《左传》中说："'柔远能迩，以定我王。'平之以和也。"和文化赋予中华民族爱好和平的基因，成为中华民族对外交往的重要原则。

中华文化历来注重讲信修睦，强调"以和为贵"的相处之道。以和为贵、与人为善、推己及人等理念深深植根于中国人的精神土壤，社会不同群体和阶层之间注重兼容而不对立、协作而不冲突、有序而不混乱。"礼之用，和为贵"，孔子主张为政以和，治理国家、处理事务要以"和"为价值标准。如何做到"和"呢？孔子提出："君子和而不同，小人同而不和。"也就是说，"和"的意义并不在于完全相同，和合与共、和而不同，在存有"同"的基础上，有着丰富多彩的"异"，相互配合、相辅相成。梁漱溟在其所著的《东西文化及其哲学》一书中指出，西方文化的根本精神是"意欲向前要求"，印度佛教文化的根本精神是"意欲反身向后"，中国儒家文化的根本精神是"意欲调和持中"。《中庸》强调"致中和"，"中也者，天下之大本也；和也者，天下之达道也"。《国语》讲"和实生物，同则不继"，强调的是事物要相互调和达到和谐才能丰富自身并滋生万物。把"和"与"合"两个概念联用，乃是中华民族独特的文化精神创造。"君子和而不同，小人同而不和"，讲的也是"和合"的道理。和合之道就是在尊重差异的基础上实现和谐共处。家庭、社会和政治空间的多维和谐，是一种由近及远的同心圆，即人与他人、人与自然、人与天道的多层级和谐，协调各种差异和矛盾，形成和合的状态。和合共生的社会观彰显了中华文明的独特理念与美好追求，与西方文明动辄"对抗冲突"和"你输我赢"的价值理念不同。正如汉学家安乐哲所言，西方文化以个体主义为基础，具有个体性，必然会走向冲突与对抗的"有限游戏"，是"一输一赢"的冷战思维；而中华文明体现了"以关系为本位"，具有共同性，倡导的是真正的"无限游戏"，考虑的是"一荣俱荣、一损俱损"。今天，人类要走向命运共同体，只能守望相助，携手同行，决不能依靠战争、殖民和掠夺，否则人类社会将永远不得安宁，甚至走向毁灭。

彼此尊重、和而不同是亲仁善邻的重要前提。中国人认为每一个国家都扎根于自己的生存土壤和历史传统之中，都有着本民族的

第一章
亲仁善邻的思想内涵

非凡智慧和精神追求,所以各国要尊重其他国家的主权、文化、历史和现状。人们只有肤色语言之别,绝无高低优劣之分,每个国家都有权独立自主地处理本国的内政外交,这是作为主权国家最基本的尊严。《中庸》有云:"施诸己而不愿,亦勿施于人。"国与国相交亦是如此,每个国家都想在国际社会上获得尊重,希望他国尊重自己的主权,既然如此,各个国家就更不应该以任何理由与借口干涉别国内政,因为国情不同、历史文化不同,所选择的发展道路也当然可以有所不同。因此,中国人强调"和而不同"。和而不同是指尊重不同,不同而和,和而平等。各国应该公平对待一切国家,不因国家大小、强弱、贫富而偏颇,应该寻求契合点,包容差异性。总之,求同存异、聚同化异是亲仁善邻的必要前提。

国与国相交,由于历史、国情差异性巨大,难免会出现问题和纷争,但只有和平与发展才是解决问题的钥匙。正如孟子说:"天时不如地利,地利不如人和。"[①] 以"人和"促发展,以发展保障"人和"。"和"是天下一切事物最普遍的规律。"和"才能交流互鉴、共同发展、国泰民安。此时的发展不仅是某个国家或个人的发展,更是全世界、全人类的共同发展,因为个别国家的发展只是世界的"盆景",所有国家共同发展才是世界的"风景"。这与中国古人一直追求"大道之行也,天下为公"的大同社会理想不谋而合。

---

① 曾振宇:《孟子新注》,人民出版社 2012 年版,第 53 页。

二、睦邻友好、开放包容

睦邻友好、开放包容,是亲仁善邻的内在要求。在国家与国家之间的交往之中,总会有实力强大弱小的差别,那么强国该如何对待弱国呢?《群书治要·周礼》中有言,大国要"比小事大,以和邦国",大意是大国要亲近小国。老子在谈到国家间关系时指出:"大邦以下小邦,则取小邦;小邦以下大邦,则取大邦。"墨家也主张"大不攻小也,强不侮弱也,众不贼寡也",也就是说国家与国家之间应该做到不以大压小、不倚强凌弱、不以众欺寡。可以说,以上这些经典都是亲仁善邻思想不断丰富和完善的重要体现。

中国历史上一直延续着亲仁善邻、睦邻友好的外交理念。在国际交往中,中国人一贯主张要互惠互利、友好交流,以和睦之道待邻,努力做到"讲信修睦""守望相助"。中国古人提倡"睦乃四邻""富以其邻"的外交理念,更把亲仁善邻视为中国和谐周边、追求天下太平的一项重要国家战略。《管子》记载:"明主内行其法度,外行其理义,故邻国亲之,与国信之,有患则邻国忧之,有难则邻国救之。"一个强大而有担当的国家,对内要有严格明确的法律制度,对外邦要施行仁义,邻国才愿意与之亲近,忧虑相担、祸患相助。唐太宗主张:"君临区宇,深根固本,人逸兵强,九州殷富,四夷自服。"[①] 中国人主张施王道行仁政,以仁义之心观照天下,故能得到其他国家和民众的支持和拥护。以王道治国,仁德使其他国家愿意亲近,义举使其他国家崇尚向往,威严使天下人不敢

---

① 骈宇骞:《贞观政要》,中华书局2011年版,第607页。

第一章
亲仁善邻的思想内涵

侵犯,这样就能够不借助战争达到天下大同的结果。正如孟子所言:"得道者多助,失道者寡助。"大国强国当以德行服人、以道义助人,实行王道政治而非强权霸道,并规定"行一不义、杀一无辜,而得天下,皆不为也",即政治手段必须服从于和平的目的,不可滥用。

早在春秋战国时期,齐宣王问孟子:"交邻国有道乎?"孟子说,只有有仁德的人才能够以大国的身份侍奉小国,只有有智慧的人才能够以小国的身份侍奉大国。以大国身份侍奉小国的,是以天命为乐的人;以小国身份侍奉大国的,是敬畏天命的人。以天命为乐的人安定天下,敬畏天命的人安定自己的国家。中国古代著名兵书《六韬》通过正反情况的对比,揭示了"天下太平"之道:"故利天下者,天下启之;害天下者,天下闭之;生天下者,天下德之;杀天下者,天下贼之;彻天下者,天下通之;穷天下者,天下仇之;安天下者,天下恃之;危天下者,天下灾之。"① 大意是为天下谋利益的,天下人就拥护他;使天下人受祸害的,天下人就反对他;使天下人得以生养的,天下人都感激他;杀戮天下人的,天下人都毁害他;顺应天下意愿的,天下人就归顺他;使天下穷困的,天下人都仇视他;使天下人安居乐业的,天下人都依靠他;给天下带来危难的,天下人就共同伤害他。天下不是一个人的天下,天下是天下人的天下,只有有道之人,才能得到天下人的拥戴。可见,以仁义相交,以邻国为伴,做到"利天下""安天下",正是古圣先哲为我们

---

① 〔周〕姜尚、〔汉〕黄石公著,东篱子解译:《六韬·三略全鉴》,中国纺织出版社2018年版,第64页。

所指明的睦邻、友邻之道。

正是因为中国古代长期奉行睦邻友好、开放包容的对外政策，周边邻国的众多学子和商人纷纷来到中国。唐朝是中国历史上强盛的时代，也是开放的时代。在这一时代，日本、新罗和一些东南亚国家都和中国在政治上、经济上、文化上进行着各种形式的友好往来。日本先后派出十余批遣唐使，来唐朝学习先进的思想、技术、文化与制度。在唐朝的长安，来自不同地区、有着不同文化背景和宗教信仰、说着不同语言的人们可以聚在一起分享思想，进行贸易和交流，并相互学习。唐朝的文化源源不断向外辐射的过程离不开众多来自周边国家的留学生，《旧唐书》当中曾记载，"新罗、高昌、百济、吐蕃、高丽等群酋长并遣子弟入学"，除此之外，唐王朝在科举考试当中还专门吸收"宾贡进士"，也就是留学生可以参加的科举考试。唐长安秉持的这种开放包容的态度，使得唐朝这块当时世界的文明高地吸引着万国学子源源不断、纷至沓来。到长安留学甚至成了当时周边国家的一种风气。唐朝的这种做法，既向邻国传达了友好的态度，跟邻国建立了更加密切的联系，同时传播了绚丽辉煌的中华文化。

除了吸引各国人民来到中国，中国历史上还有许多具有深远国际影响的对外交流事件，成为中国与其他国家友好交往的千古佳话。汉朝的张骞出使西域，"凿空之旅"开启了陆上的"丝绸之路"，促进了中国和沿线各国的交流；唐朝的鉴真东渡，将中华文化向日本进行了又一次全面和深度的传播；明代航海家郑和"七下西洋"，率领当时世界上最强大的船队，远涉亚非30多个国家和地区，却从未

第一章
亲仁善邻的思想内涵

侵占别国一寸土地,而是带去了中国的茶叶、瓷器和丝绸,并帮助当地调解纠纷、打击海盗。与后来的西方殖民者大大不同的是,明朝的郑和船队带给世界的是和平与安宁,而不是疾病与战争。明朝的意大利传教士利玛窦如是描述中国:"虽然他们有着装备精良的陆军和海军,很容易征服邻近的国家,但他们的皇上和人民却从未想过发动侵略战争。他们很满足于自己已有的东西,没有征服的野心。"①这就是当时外国友人目睹中国对待邻国友好和平的态度而给出的中肯评价。

回看中国悠悠历史,我们会发现,中国在相当长的时间里是世界强国,探索并实践过各种各样的睦邻政策,这些睦邻政策是中国古代亲仁善邻思想的生动写照,成就了古代中国一次又一次"近悦远来""四海一家"的盛世景象。

三、贵信重义、合作共赢

贵信重义、合作共赢是亲仁善邻的应有之义。信,诚也。古人云:"学贵信,信在诚。诚则信矣,信则诚矣。""不信不立,不诚不行。"中国人自古对诚信非常看重,把诚信作为人生而为人、立身处世的基本德行之一。失德失信就是失义。古人提出"利者,义之和也",大意是若想追求利益,必须与道义相统一,如果为了追求本国利益而不择手段,罔顾国际道义,最终一定会自食恶果。所以中国

---

① 〔意〕利玛窦、〔比〕金尼阁著,何高济、王遵仲、李申译:《利玛窦中国札记》,广西师范大学出版社2001年版,第42页。

读懂亲仁善邻

人主张在互尊互信、求同存异的基础上，展开坦诚深入的对话沟通，减少相互猜忌，坚持正确义利观，义利兼顾，以义为先。中国古人千年前已然明白，只有以道义相交的国家，才能天长地久；也只有出于道义去帮助他国，才是真正的团结互助。国与国的交往不是零和博弈、你死我活的关系，而是合作共赢的伙伴关系，人类应该同舟共济，共促世界繁荣稳定，让每个国家、每个人都能享受世界发展、人类发展的丰硕成果。

新中国成立后，"亲仁善邻"尤其体现出中国坚持扶危济困、大国担当、义利相兼、先义后利的天下胸怀。1950年以来，中国在致力于自身发展的同时，先后向亚洲、非洲、拉丁美洲、加勒比、大洋洲和东欧等地区100多个发展中国家提供了力所能及的经济和技术援助。中国对外援助包括中国政府的对外经济技术援助，这是中国政府对外工作不可缺少的组成部分，也是中国作为负责任的大国履行国际义务的重要内容。中国对外援助的目的主要是促进发展中国家自力更生地发展自己的民族经济，中国对外援助项目主要分布在农业、工业、经济基础设施、公共设施、教育、医疗卫生等领域，重点帮助受援国提高工农业生产能力，增强经济和社会发展基础，改善基础教育和医疗状况。近年来，应对气候变化成为中国对外援助的一个新领域。

1975年9月，中国开始向摩洛哥派出医疗队，由上海承担援助医疗工作。目前，中国医疗队在摩洛哥设有1个总队部和8个分队，总队部在首都拉巴特，8个分队分别位于穆罕默迪亚、梅克内斯、塞达特等偏远山区和荒漠地带。截至2022年底，上海共派出援

第一章
亲仁善邻的思想内涵

摩医疗队195批，医疗队员近2000人。据不完全统计，从1975年至2022年，援摩医疗队共接诊门（急）诊患者578万人次，收治住院病人80万人次，完成手术近53万例。一批又一批援摩医疗队员凭借扎实的医学理论、丰富的临床经验及精湛的医疗技术，得到了当地民众的高度认可与信任，被誉为"中国天使"。

亲仁善邻的一个重要原则是"己欲立而立人，己欲达而达人"。中国人认为仁者自己想立身于世，也要使别人立身于世，自己想做事通达，也要使别人做事通达。这种思想延伸到国际关系领域，就是自己国家发展好了，也要让周边国家发展好。亲仁善邻不是单纯地和周边国家和平友爱，而是要"美人之美，美美与共"。习近平总书记曾多次引用"亲望亲好，邻望邻好"，我们自己好，也希望我们的邻居好。这正是一个大国、一个大党所应有的气度、格局与风范。如今，中国已经是一个在世界范围内有着重大影响力的发展中大国，我们有能力也有底气帮助周边国家改善基础设施、发展自身经济。"一带一路"倡议提出以来，中国与共建国家一道建设了许多基础设施，既有铁路、公路、港口、机场等交通基础设施，也有风电站、光伏发电站、水电站等能源基础设施。这些基础设施的建设与建成一方面帮助这些国家努力向自主可持续的发展挺进，另一方面为"一带一路"共建国家的互联互通打下了基础。

总体上看，中国对待邻国一贯以亲仁善邻、以和为贵为宗旨；新时代中国推动构建人类命运共同体，更多体现出大国的担当精神，将中国梦与世界发展紧密地融合在一起，为建设以合作共赢为核心的新型国际关系提供了中国方案。古往今来，正是从亲仁善邻出发，

读懂亲仁善邻

中国人始终主张和合与共、以和为贵、和而不同,坚持与人为善、推己及人,努力建立与维持和谐友爱的人际关系;中国各民族始终互相交融,和衷共济,形成了团结和睦的大家庭;中华民族始终亲仁善邻,协和万邦,与世界其他民族在平等相待、互相尊重的基础上发展友好合作关系。

第二章

马克思主义理论与亲仁善邻的契合性

第二章
马克思主义理论与亲仁善邻的契合性

第一节　马克思主义战争和平观与亲仁善邻的问题导向相契合

一、关于战争本质的深刻理解：政治的延伸与"兵者国之大事"

战争与和平问题是当代国际关系中的一个根本问题，也是全世界人民共同关心的、牵动当代国际斗争的一个关键性问题。战争与和平都是对外政策的继续。列宁为了揭示战争的实质，把德国著名资产阶级军事家克劳塞维茨提出的"战争是政治通过另一种手段（即暴力）的继续"这样一个表明战争的两个基本要素——暴力和政治之间内在联系的命题，作为战争的定义，并赋予这个论点以马克思主义的立场观点方法，使之成为无产阶级的革命理论。列宁等马克思主义者一贯认为帝国主义就是战争的根源，并指出："在生产资料私有制还存在的这种经济基础上，帝国主义战争是绝对不可避免的。"[①] 同时，这一观点作为论证战争阶级实质的基本原理，丰富了马克思主义的理论宝库。毛泽东在《中国革命战争的战略问题》一书中，从更广泛的意义给战争下了一个定义：战争——从有私有财产

---

① 《列宁全集》第22卷，人民出版社1958年版，第182页。

和有阶级以来就开始了的，用以解决阶级和阶级、民族和民族、国家和国家、政治集团和政治集团之间、在一定发展阶段上的矛盾的一种最高的斗争形式。① 毛泽东的精辟论述揭示了战争的社会阶级根源，指明了战争在解决对抗性社会矛盾中的伟大作用和意义，并充分体现了"战争是政治的继续"这一实质，指明了一般斗争形式和最高斗争形式、政治与战争的辩证关系。它告诉我们：一般斗争形式是"不流血的战争"，是和平时期的政治；最高斗争形式是"流血的政治"，是战争时期的政治。一般斗争形式与最高斗争形式，都是政治性质的行动。也就是说，当政治斗争还没有尖锐化到武装冲突的地步，就是所谓的和平时期；当政治斗争发展到非采取外部对抗形式不能解决矛盾时，便由和平转变为战争。列宁曾高度概括过这种现象，指出："战争是平时政策的继续，和平是战时政策的继续。"②

在中国古代战争观看来，战争事关国家命运。《孙子兵法》第一句："兵者，国之大事，死生之地，存亡之道，不可不察也。"中国古代兵家较早就认识到战争是双方全部条件的综合较量，如《尉缭子》说"以武为植，以文为种"，《管子》讲"仓廪空虚，财用不足，则国毋以固守"，《孙子兵法》说"知天知地，胜乃不穷"，无不体现政治经济等条件对战争的影响。

---

① 《毛泽东选集》第1卷，人民出版社1991年版，第171页。
② 《列宁全集》第23卷，人民出版社1958年版，第194页。

第二章
马克思主义理论与亲仁善邻的契合性

二、应对冲突的共同路径：正义战争论与"以战止战"

战争是一种极其复杂的社会政治现象。从战争的根本阶级性质、政治目的和在社会发展中所起的历史作用来看，战争可分为正义战争和非正义战争两类。列宁明确指出存在着不同的战争，"有正义的战争和非正义的战争，有进步的战争和反动的战争，有先进阶级进行的战争和落后阶级进行的战争，有巩固阶级压迫的战争和推翻阶级压迫的战争"。①

一切进步的战争都是正义的，一切阻碍进步的战争都是非正义的。马克思主义的战争观，要求无产阶级和人民群众必须运用马克思主义阶级分析的方法对战争的性质进行科学的分析，坚决反对那种维护阶级压迫和民族压迫，维护剥削制度，力图把本国人民和别的民族置于自己的剥削、奴役压迫之下，对社会发展起阻碍作用的非正义战争；坚决支持那些反对压迫和剥削，反对腐朽没落势力，抗击外来侵略和颠覆，谋求民族和阶级的解放，维护民族独立和国家主权，对社会发展起推动作用的正义战争。无产阶级要充分认识战争与和平同革命的相互关系：一方面要明确战争与和平是阶级社会中两条合乎规律的表现形式，贯穿于阶级社会的整个历史过程中；另一方面要懂得利用和平准备革命，通过革命去制止战争。具体说来就是未取得政权的帝国主义国家的无产阶级，在国内尚不具备直接夺取政权的革命形势，国际上尚未爆发世界战争的历史条件下，

---
① 《列宁全集》第29卷，人民出版社1956年版，第807页。

读懂亲仁善邻

其主要任务是利用和平间隙,教育群众,积蓄力量,等待时机,为推翻本国资产阶级统治,争取世界和平贡献力量;殖民地半殖民地国家的无产阶级及其政党,其总的战略任务就是进行反对帝国主义、封建主义、官僚买办大资产阶级的民族民主革命;取得了政权的社会主义国家的无产阶级及其政党,要始终不渝地奉行和平外交政策,坚定不移地为维护世界和平,加速本国社会主义建设,壮大自己的经济政治力量,为发展各国人民之间的友好合作关系和促进人类进步事业而努力。①

中国作为热爱和平的民族,一贯辩证看待战争问题。《司马法》首篇所强调的"国虽大,好战必亡;天下虽安,忘战必危",既反对轻战,不能无限制地进行战争;又反对忘战,不可麻痹大意,辩证分析慎战与备战的关系。同时,古代兵家对战争性质已有区分,反对"无义",支持"有义","以战止战,虽战可也"。《孙膑兵法》就指出"卒寡而兵强者,有义也",正义的战争,兵少但战斗力强;"战而无义,天下无能以固且强者",非正义的战争,谁也无法使其防守坚固。

---

① 罗振宇、李景全等:《国际关系和外交政策》,群众出版社1987年版,第24—32页。

第二节　马克思主义国际秩序观与亲仁善邻的交往准则相契合

一、对国际关系的辩证认识：矛盾斗争论与"和合"文化

马克思主义中关于历史唯物主义的基本观点和唯物辩证法的论述为我们研究国际关系学，尤其是正确认识复杂的国际社会提供了最基本的观点和方法。根据唯物辩证法的基本观点，一切事物的发展运动都是相对的。事物都存在内在的矛盾性，都是矛盾的统一体，这种内在的矛盾和斗争则是事物发展的内在动力和内容，而且包含着事物内部的和谐性和统一性。

国际社会中同样既存在矛盾和斗争，又存在合作与和谐。马克思、恩格斯深刻分析了人类从原始状态不断向更高文明发展的历史进程。在这个历史进程中，世界各地本来是按照各自的自然情况和自身的历史传统向前发展的。但是，大工业建立了世界各地以经济和贸易为纽带的普遍联系，各地、各民族、各国家之间在不断加深的相互依存中，不断发展相互之间的矛盾。马克思、恩格斯指出：大工业"首次开创了世界历史，因为它使每个文明国家以及这些国家中的每一个人的需要的满足都依赖于整个世界，因为它消灭了各国以往自然形成的闭关自守的状态"[1]。矛盾是相互联系的产物，相

---

[1]《马克思恩格斯选集》第1卷，人民出版社1995年版，第114页。

互联系则是矛盾的必然要求。这种既相互矛盾又相互依存的国际关系，使国际事务异常复杂，各种政治经济力量纵横捭阖。然而，国际关系的演进同样是一种规律性的运动。在以往的国际关系实践中，这种规律的集中表现就是以权力为中心的矛盾斗争和相互协调。在矛盾斗争之后达到新的力量对比基础上的平衡与协调，实现国际社会的和谐共处。但是，在新的和谐关系中又由于力量对比的不断演变而产生新的矛盾和新的不协调，孕育新的矛盾和斗争。所有这些既矛盾斗争又和谐统一的发展运动，是一个有规律的自然发展过程，是一个以相互和谐为目标的、从和谐到不和谐再到新的和谐的过程。因此，在一个复杂事物中，始终存在着既相互对立矛盾又相互依存统一的若干方面或若干因素。没有矛盾性就没有事物的运动和发展，没有统一性就不能达到事物内部的相互和谐。

在唯物辩证法看来，对立统一的客观事物的本质就是和谐。马克思、恩格斯对只看到事物的矛盾对立而看不到事物和谐依存的形而上学观点，进行了深刻分析和批判。他们在《哲学的贫困》中深刻揭示了客观事物的和谐本质，指出"两个相互矛盾方面的共存、斗争以及融合成一个新范畴，就是辩证运动"，认为"谁要给自己提出消除坏的方面的任务，就是立即切断了辩证运动"[1]。恩格斯还指出："所有这些先生们所缺少的东西就是辩证法。他们总是只在这里看到原因，在那里看到结果。他们从来看不到：这是一种空洞的抽象，这种形而上学的两极对立在现实世界只存在于危机中，而整个伟大的发展过程是在相互作用的形式中进行的（虽然相互作用的力

---

[1]《马克思恩格斯选集》第1卷，人民出版社1995年版，第144页。

第二章
马克思主义理论与亲仁善邻的契合性

量很不相等:其中经济运动是最强有力的、最本原的、最有决定性的),这里没有什么是绝对的,一切都是相对的。"① 这也是我们深刻认识中国传统"和合"文化的理论指导。

马克思主义的矛盾斗争论与中华文化中的"和"文化相互契合,在承认矛盾的基础上勾勒出具有共同价值取向的理想社会。中华文化中的"和"文化蕴含着和平、和睦、和谐理念,"和"并不意味着"同",二者的差别在于是否承认差异性的存在。在《论语》中,先秦思想家孔子便提出"君子和而不同,小人同而不和"。"和而不同"意味着和谐而又不失去原则,存异而又不相互冲突,体现的是彼此尊重、互相包容的处世之道。《左传·昭公十年》载有史伯与晏子论"和""同"之差异性,从哲学和自然规律上来讲"和"与"同",晏子说明了"和而不同"有两层含义:尚和,但不盲从;纳和,而不排异。和而不同追求的是价值认同,即"美人之美,美美与共",发现自身之美,承认他人之美,再到相互欣赏赞美,最后达成一致和融合。

中华文化的"和"文化始终蕴含着"和而不同"的哲学智慧,即在肯定矛盾存在的前提下尊重差异性,在承认多样性的基础上寻求有序、和谐、均衡、兼容的统一性,最终以实现天下为公、讲信修睦的大同理想为美好憧憬。此外,中国崇尚"同舟共济""天下大同""以和为贵"理念,这些理念深深植根于中国的文化传统和哲学思想之中,体现了中国人民对于和谐、团结和共同发展的追求。马克思主义虽然强调矛盾的斗争性是绝对的,认为矛盾是事物发展的

---

① 《马克思恩格斯选集》第4卷,人民出版社1995年版,第705页。

根本动力，一切矛盾事物既相互对立相互斗争，又在一定条件下彼此联系，相互联结和相互转化。因此马克思主义所追求的社会理想并不在于构建一个充满对抗性的社会，而是一个在人人得以实现全面发展的基础上，实现自由人联合体的共产主义社会。因而，马克思主义矛盾学说和中华文化中的"和"文化的契合性体现在两者都肯定矛盾存在的前提下努力探寻人人为公的理想社会的实现之道。

二、对国际合作的共同理念：世界人民大团结与"守望相助"

马克思主义认为，"资产阶级，由于开拓了世界市场，使一切国家的生产和消费都成为世界性的了"[①]。资本越出国界，逐渐形成世界体系，资本的统治和压迫也就成为一种国际的势力。但由资本推动形成的世界体系，从一开始就具有不平等性，并不能均衡地增进全人类的共同利益。资本逻辑支配下的世界市场体系、全球治理体系面临着深刻危机。对于无产阶级的反抗和斗争，资产阶级总是联合起来反对本国的无产阶级。特别是到了帝国主义阶段，资本输出代替了商品输出，国际垄断资产阶级更加狼狈为奸、沆瀣一气，结成反动联盟，共同地剥削、压迫世界的无产阶级和劳动人民。"现代的工业劳动，现代的资本压迫，无论在英国或法国，无论在美国或德国，都是一样的，都使无产者失去了任何民族性。"[②] 在斗争实践中，

---

① 《马克思恩格斯文集》第 2 卷，人民出版社 2009 年版，第 35 页。
② 《马克思恩格斯文集》第 2 卷，人民出版社 2009 年版，第 42 页。

第二章
马克思主义理论与亲仁善邻的契合性

无产阶级逐步认识到,他们的敌人不只是本国的资产阶级,还有整个国际资产阶级。正是资本的剥削和压迫的国际性,决定了无产阶级解放事业的国际性。

因此,无产阶级的国际团结是无产阶级解放的必要条件。马克思、恩格斯在《共产党宣言》中指出:"联合的行动,至少是各文明国家的联合的行动,是无产阶级获得解放的首要条件之一。"[①] 在资本主义社会,各国无产阶级面对整个旧世界。国际资本的力量是非常强大的。正如马克思在《论波兰》中指出的:"一个国家中个别资产者之间虽然存在着竞争和冲突,但资产阶级却总是联合起来反对本国的无产阶级;同样,各国的资产阶级虽然在世界市场上互相冲突和竞争,但总是联合起来反对各国的无产阶级。"[②] 面对联合起来的资产阶级,全世界无产阶级必须紧密地广泛地团结起来,同国际资本进行坚决的斗争。在这个问题上,必须明确无产阶级的斗争形式和无产阶级团结的重要性。前者,马克思、恩格斯在《共产党宣言》中明确指出,无产阶级的运动,"如果不就内容而就形式来说,无产阶级反对资产阶级的斗争首先是一国范围内的斗争。每一个国家的无产阶级当然首先应该打倒本国的资产阶级"[③]。这就是说,无产阶级的革命斗争就形式来说,带有民族的特点,但就这一斗争的内容来说,它又是整个无产阶级革命事业的一部分。后者,马克思在总结无产阶级的斗争经验时指出:"过去的经验证明:忽视在各国工人间

---

① 《马克思恩格斯文集》第2卷,人民出版社2009年版,第50页。
② 《马克思恩格斯选集》第1卷,人民出版社1972年版,第287页。
③ 《马克思恩格斯文集》第2卷,人民出版社2009年版,第43页。

读懂亲仁善邻

应当存在的兄弟团结,忽视那应该鼓励他们在解放斗争中坚定地并肩作战的兄弟团结,就会使他们受到惩罚,使他们分散的努力遭到共同的失败。"[1]继马克思、恩格斯在《共产党宣言》中第一次明确提出"全世界无产者,联合起来"的战斗口号之后,列宁结合帝国主义时代国际阶级斗争的新特点,又明确提出"全世界无产者和被压迫民族联合起来"这一新的战斗口号,这个口号的内容充分体现了无产阶级不仅要广泛地团结本阶级,而且同广大被压迫民族结合成巩固联盟,共同去反对资产阶级的战略思想,有力地推动了无产阶级的革命运动,并在世界上取得了辉煌的胜利。[2]

马克思主义所主张的国际团结与中国传统文化中所注重的"守望相助"有着内在逻辑的融通之处。守望相助是中华民族的传统美德,它强调在困难和挑战面前,人们应相互支持、相互帮助。从守望相助的词源释义可以看出,其内涵有两个方面与马克思主义国际团结的主张相契合。一方面,"守望相助"所指涉的主体都是处于弱势或者是面临着困难的。"守望相助"一词,来源于《孟子·滕文公上》中的"出入相友,守望相助,疾病相扶持,则百姓亲睦"。这句话强调了邻里之间在日常生活中的相互帮助和支持,特别是在防御外来侵害和共同应对困难时的团结协作。这与马克思主义关注被剥削、压迫的无产阶级——或者说是体制性弱者——有着一致的价值取向。另一方面,"守望相助"强调在共同的目标或挑战面前,应暂

---

[1]《马克思恩格斯选集》第2卷,人民出版社1972年版,第134页。
[2] 罗振宇、李景全等:《国际关系和外交政策》,群众出版社1987年版,第14—17页。

第二章
马克思主义理论与亲仁善邻的契合性

时搁置分歧，集中力量应对外部威胁的重要性。《小雅·棠棣》中有"兄弟阋于墙，外御其侮"，表达了即使兄弟之间有矛盾，在外敌来犯时也能够团结一致，共同抵御外敌。《孙子兵法·九地》中提道："夫吴人与越人相恶也，当其同舟而济，遇风，其相救也如左右手。"这句话说明，即使是敌对的吴国人和越国人，在共同的危难面前也能团结一致，相互救助。因此，"守望相助""同舟共济"等表述在指向团结互助的同时，也蕴含着要搁置分歧，从总体利益的角度去思考问题。这与马克思主义强调各国无产阶级的革命斗争既有民族性又是整个国际社会主义运动事业部分高度契合。无论是马克思主义还是中华优秀传统文化，都主张弱势个体通过放下分歧形成合力，从而达到应对困难或者实现发展的路径。荀子在《王制》中阐述"人能群"的概念时，强调了人类通过社会分工和道德规范（即"义"）来形成和谐统一的集体。荀子认为，尽管人在体力上不如牛马，但人类能够组织群体，利用集体的力量来弥补个体的不足，这是人类社会能够发展和进步的关键。因此，儒家思想中的"四海之内皆兄弟"与马克思主义所提出的世界人民大团结有着异曲同工之妙。

马克思主义国际观所倡导的国际团结，和中国守望相助、同舟共济的传统精神，两者对当代国际关系有着共同启示，那就是国家之间的关系是复杂多变的，需要通过和平、合作、互利的方式来处理。

第三节　马克思主义的共产主义信仰与亲仁善邻的终极追求相契合

一、对多元文化的包容态度：文明交流互鉴思想与"求同存异"

马克思主义者对共产主义理想社会的崇高信仰和亲仁善邻对大同世界的终极想象，使二者在如何认识世界多元文化之间关系上互相契合。

一方面，马克思主义关于物质生产交互交往的理论为多元文化之间的互动提供了基础。马克思在《德意志意识形态》中指出："某一个地方创造出来的生产力，特别是发明，在往后的发展中是否会失传，取决于交往扩展的情况。"交往形成了人类积累、传递、继承和发展生产力的社会机制，从而使生产力处在不断的发展过程中。正是交往的不断扩大，实现了生产力的不断发展和传递。在亲仁善邻的思想内涵和实践过程中，本身就有关于物质交换这一层最基础的意涵。在中华优秀传统文化中，物质交换不仅是一种经济行为，更是一种重要的社会和文化活动，它在增进人与人之间的情感交流方面扮演着关键角色。在国际交往中，中国人一贯主张要互惠互利、友好交流。要想"睦乃四邻"，就要"富以其邻"。所谓"守望相助"，正是通过物质生产交互来帮助落后国家和地区发展，进而促进国家间的相互信任和理解，增强国际合作的有效性。推及全球，

第二章
马克思主义理论与亲仁善邻的契合性

通过共同应对挑战，国家间可以减少冲突，促进和平与发展，有助于构建更加公正合理的国际政治经济秩序，推动全球化朝着更加平衡和可持续的方向发展。

另一方面，马克思主义关于文明交流互鉴的理念与亲仁善邻思想中的"和而不同""求同存异"精神高度契合。交往范围的不断扩大使得不同国家之间的文明交流交融，推动文化的交流传播和融合互鉴。文化交往是不同文化主体之间能动地交换实践创造的精神财富，其本质是共享人类实践活动的精神成果。不同民族在生产交往的过程中进行文化的交换、利用和融合，吸收不同文明的优点，进而可以超越自身文化局限性。交往推动文化传播与交流的同时，也推动了世界文明的形成。这与"和而不同"交往准则具有契合性，"和而不同"内蕴着求同存异、和合共生的文化理念，是中华民族对世界文明兼收并蓄的智慧贡献。

亲仁善邻思想在马克思主义交往理论和文明交流互鉴思想的指导下，明体达用、体用贯通，创造性转化和创新性发展，形成了三大全球倡议和构建人类命运共同体理念。一是创造性提出了全球发展倡议。"守望相助"是一种救助贫弱、与邻为善的交往之道，是邻邦之间的相互扶持、互帮互助，这一理念与物质生产交互交往理论具有相通的逻辑，二者在结合过程中形成了全球发展倡议这一独具中国智慧的中国方案。全球发展倡议是对"救助贫弱"理念的创造性转化和创新性发展，这一倡议在面临世界经济发展低迷的背景下提出，为解决世界问题提供了中国方案，贡献了中国智慧。二是创造性提出了全球文明倡议。"和而不同"的交往准则倡导在尊重个体差异的前提下实现和谐，这一理念与精神文化交流交融理论相契合，全球文明倡议正是在二者结合基础上的创造性转化和创新性发展。"和而不同"强调尊重事物差异性，认为多样性是文明的基本特征，尊重世界文明多样性是文明不断发展进步的源泉，呼吁不同文明之间交流互鉴，实现良性互动。因此，要弘扬和平、发展、公平、正义、民主、自由的全人类共同价值，重视文明传承与创新，加强国际人文交流合作。三是创造性提出了全球安全倡议和构建人类命运共同体理念。"协和万邦"表明中华民族对世界和平和天下一家的愿景和强烈期盼，成为贯穿中国外交理念和实践的宝贵财富。面对百年未有之大变局加速演进带来的全球安全形势不稳定性不确定性上升，全球安全倡议和构建人类命运共同体理念明确回答了"世界需要什么样的安全理念、各国怎样实现共同安全"这一重大时代课题，倡导坚持共同、综合、合作、可持续的安全观，开展和平对话和平等协商，展现了中国维护全球安全，主动化解争端的大国担当。

二、对世界形态的共同想象：世界历史思想与"天下一家"

马克思主义认为，随着交往普遍化程度的提高，各个国家自给自足的封闭状态被打破，从原来相互孤立的状态走向统一，形成彼此联系的世界性关系，促进了世界历史的形成。世界历史是各个国家、各个民族通过普遍交往的形式而结成的关系，在这样的关系中，世界连为一个整体而形成世界整体化的历史。根据马克思世界历史

第二章
马克思主义理论与亲仁善邻的契合性

理论，人的本质在其现实性上是一切社会关系的总和。个人只有在共同体中，才能获得全面发展其才能的手段。由此，"各个相互影响的活动范围在这个发展进程中越是扩大，各民族的原始封闭状态由于日益完善的生产方式、交往以及因交往而自然形成的不同民族之间的分工消灭得越是彻底，历史也就越是成为世界的历史"①。马克思主义世界历史思想中关于共同体的理解与想象，与亲仁善邻对"天下"的构想是一致的。"协和万邦"思想倡导通过邻邦间友好交往，打破邦国之间的封闭状态，使得各民族之间依赖性加强，构建"天下一家"的世界，两者具有高度契合性。

"天下一家"思想是中华民族的卓越文化创造。《礼记》中提到"圣人耐以天下为一家"，大意是明智的人将天下看成一家。《论语》中强调"四海之内皆兄弟也"。汉代的政治话语体系中多次用到"天下一家"一词，荀悦《汉纪》中多次说到这句话。习近平总书记阐释了"天下一家"的三个主张——"民胞物与、协和万邦、天下大同"。"民胞物与"出自北宋张载的《西铭》一文。张载认为"凡天下疲癃残疾、茕独鳏寡，皆吾兄弟之颠连而无告者也"。在张载的论述中，天地是大父母，人顶天立地，位于天地之中，天地的主宰处是我的心性，充塞宇宙都是我的大身体。天下百姓都是同胞兄弟，万物之间是息息相通的有机体。尊敬年龄大的就像尊敬兄长，慈爱年幼的就像疼爱弟弟那样，要关爱社会上那些独孤、残疾、困苦的弱势群体，要照顾安顿他们，像对待自己的兄弟姐妹一样。"协和万邦"是尧提出来的。中国自古就是世界上人口最多的地区之一，加

---

① 《马克思恩格斯文集》第1卷，人民出版社2009年版，第540—541页。

读懂亲仁善邻

之族群众多,在上古时期,就已经小邦林立。中国原始社会的鼎盛时期是尧舜时代,鉴于当时"天下万邦"的社会现实,尧提出一个道德理念:"克明俊德,以亲九族;九族既睦,平章百姓;百姓昭明,协和万邦。"这就是主张先由家族和谐,扩展到社会和谐,乃至不同邦族之间的和谐。"协和万邦"由此成为中华文化的基因与核心价值之一,促进了民族的融合和"大一统"国家的建立。"天下大同"出自《礼记·大同·礼运》篇,文中提出"大道之行也,天下为公",大意是在大道施行的时候,天下是人们所共有的。《礼记·礼运》生动地刻画了"无弃人"和"无弃物"的大同社会图景。

将中华优秀传统文化中的亲仁善邻思想与马克思主义关于人类社会发展的历史逻辑有机统一起来,是中国共产党对马克思主义理论的创新性发展。而在这种统一的基础上,提出构建人类命运共同体的重要设想则是马克思主义中国化时代化的重要理论成果之一,不断闪耀着真理光芒。习近平总书记运用马克思主义的立场观点方法,深刻把握人类社会历史经验和发展规律,洞察世界发展大势,深刻指出,这个世界,各国相互联系、相互依存的程度空前加深,人类生活在同一个地球村里,生活在历史和现实交汇的同一个时空里,越来越成为你中有我、我中有你的命运共同体。[1] 构建人类命运共同体理念,以全人类共同价值为遵循,以实现全人类发展、繁荣和幸福为宗旨,蕴含着对人类文明形态的前瞻性思考和对人类进步发展大势的准确把握,体现了马克思主义共同体理论的基本原则和

---

[1] 中共中央党史和文献研究院:《习近平关于中国特色大国外交论述摘编》,中央文献出版社2020年版,第27页。

第二章
马克思主义理论与亲仁善邻的契合性

价值追求。习近平总书记指出,马克思主义经典作家并没有穷尽真理,而是不断为寻求真理和发展真理开辟道路。① 推动构建人类命运共同体将"共同体"这一理想追求转变为具有重要现实意义的伟大实践,是普遍联系的辩证思维在社会历史领域的具体运用,揭示了世界各国相互依存和人类命运紧密相连的客观现实和发展规律,是马克思主义中国化时代化的最新成果之一。

---

① 中共中央文献研究室:《十八大以来重要文献选编(上)》,中央文献出版社2014年版,第696页。

第三章

中国共产党对亲仁善邻的认识与实践

第三章
中国共产党对亲仁善邻的认识与实践

"亲仁善邻,国之宝也。"这句古训闪耀着中华文明所独有的处世之道与智慧光芒。和睦邻邦是我们一贯的"为邻之道","讲信修睦、亲仁善邻"是中华优秀传统文化中被普遍接受和认同的人文精神,贯穿我国历史上的各个时代。20世纪50年代,中国政府制定并推行了睦邻友好的外交政策,积极努力争取与周边邻国建立相互信任的外交关系,形成安全稳定的周边环境,以打破美国编织的反华包围圈。改革开放以来,中国为实现更好的发展,继续坚定不移地奉行睦邻政策,制定了"稳定周边、立足亚太、走向世界"的对外战略总目标。中国的睦邻政策以和平共处五项原则为核心,强调主权平等,"求同存异",以及用和平方式解决边界领土争端。进入21世纪以来,随着与周边国家合作与发展形势的不断变化,党的十六大确立了"与邻为伴,与邻为善"和"睦邻、安邻、富邻"的外交方针来指导21世纪中国对周边国家的外交工作,共筑稳定、和谐的国家关系结构,与亚洲各国实现共同发展。新中国成立后对亲仁善邻的践行,与马克思主义关于人类社会发展的历史逻辑有机统一,是中国共产党对马克思主义理论和中华优秀传统文化的创新性发展。

第一节　社会主义革命和建设时期践行亲仁善邻

中华人民共和国的成立，标志着以反帝反封建为目标的新民主主义革命取得了彻底的胜利。革命胜利后，新中国处于严峻的东西方冷战环境之中，面临着一系列重大的战略抉择。以毛泽东同志为主要代表的中国共产党人审时度势，作出"一边倒"的重大战略决策，同时制定了"另起炉灶""打扫干净屋子再请客"等外交方针，确立了独立自主的新型外交方向，以此来捍卫国家的根本利益，彻底肃清帝国主义在华特权，努力打破西方国家的政治孤立和经济封锁，争取国际社会的承认。同时，新中国成立以来，为了更好地维护国家的主权、安全和发展利益，中国政府高度重视周边外交工作，根据国际国内形势变化，以及与周边国家关系的发展状况，提出一系列开展周边外交的创新理念，制定了相应的战略策略、方针政策，以相互尊重、和平共处、合作共赢、睦邻友好为主基调，积极推进中国与周边国家关系的不断深化和拓展，为国民经济恢复、社会主义改造和建设创造有利的国际环境。

一、从"一边倒"到"三个世界"

新中国宣告成立后，苏联是第一个承认新中国，并与之建立外交关系的国家。毛泽东等中共领导人虽然早在新中国成立前夕就提

第三章
中国共产党对亲仁善邻的认识与实践

出"一边倒",明确地表明即将成立的新中国要站在苏联为首的东方阵营一边,要和苏联结盟的政策和决心,但在当时,这主要是中国单方面的决策,结盟的设想也未成为事实。要实现这一决策,还必须得到苏联方面的响应,并完成外交上、法律上的手续。最终,通过毛泽东、周恩来访苏的努力,中苏新同盟条约和若干重要协定签订,"一边倒"终于成了事实,中苏结盟也从外交上、法律上得到解决。

毋庸讳言,不论是从中苏谈判的整个过程来看,还是从中苏新条约和新协定的内容来看,新的中苏关系并不像双方在公开场合所说的那样完美。尽管苏联对中共、对新中国,总的来说是友好的,但斯大林并没有真正以平等的态度对待新中国。他欣赏中国的"一边倒",却对中国强调独立自主感到反感;他一方面赞成援助中国,另一方面仍继续维持苏联在中国的某些特权;他一方面表示尊重中国的独立和主权,另一方面又不时地对中国施加压力。斯大林对待毛泽东的态度也是矛盾的,既表示尊重和友好,又存有疑虑和戒心。正因为如此,毛泽东的首次访苏进行得并不顺利,多次出现令人难堪的局面。对此,毛泽东虽然内心十分不满,但依然保持着中国外交的风度。[1]总体而言,20世纪50年代前半期,中国始终遵守平等、互利及互相尊重领土主权等原则与苏联建立外交关系,两国关系保持着良好的发展势头。

在1974年同赞比亚总统卡翁达的谈话中,毛泽东提出"三个世界"划分理论。他说:"我看美国、苏联是第一世界。中间派,日

---

[1] 孙其明:《中苏关系始末》,上海人民出版社2002年版,第117—144页。

本、欧洲、加拿大是第二世界。咱们是第三世界。""第三世界人口很多。亚洲除了日本都是第三世界。整个非洲是第三世界，拉丁美洲是第三世界。"毛泽东"三个世界"划分理论的提出，是对马克思主义国际关系理论关于争取民族独立、反对帝国主义霸权理论的继承和发展，其核心要义是反对霸权主义和团结亚非拉广大发展中国家和人民。

充分肯定被压迫民族和人民的力量，高度评价被压迫民族和人民在反帝反殖反霸斗争中的作用，是毛泽东的一贯思想。早在第二次世界大战刚刚结束，苏美"必战论"甚嚣尘上的时候，毛泽东就把国际关系中人们所忽视的重要因素——主要是由殖民地半殖民地国家组成的"中间地带"提到了人们的面前。他指出，美国在征服这些地区之前，是谈不上进攻苏联的。20世纪50年代后期开始，从亚非万隆会议的召开到不结盟运动的诞生，一系列发展中国家国际组织的成立，使战后美苏两极对峙的世界基本政治格局大为改观。毛泽东充分估计了亚非拉民族独立国家在国际政治中的作用，发展了"中间地带"的理论，指出："亚洲、非洲、拉丁美洲的革命风暴，定将给整个的旧世界以决定性的摧毁性的打击。"[①] 到了70年代，发展中国家驾驭国际事务的能力达到了前所未有的高度，已经成为向旧的国际经济秩序提出挑战的主要力量，阿拉伯国家的石油禁运和拉美国家争取200海里领海权的抗争，表明南北在经济上的相互依赖，国际政治中的权力杠杆并不完全操纵在帝国主义的手里。发

---

① 人民日报编辑部：《毛泽东关于三个世界划分的理论是对马克思列宁主义的重大贡献》，人民出版社1977年版，第34页。

展中国家的兴起,已经使超级大国控制世界政治的局面发生了根本的动摇。经过50年代后期到60年代大动荡、大分化、大改组,世界政治的基本格局已由两大对立阵营向多极化发展。苏美两个超级大国争霸世界,成为各国主权、独立和世界和平的最大威胁;在反帝、反殖、反霸斗争中发展起来的发展中国家,逐渐成为维护世界和平,促进发展的主要力量;欧洲和日本不愿绑在超级大国的战车上,也成为维护世界和平的力量。毛泽东高度概括世界政治中这一深刻变化,形成了"三个世界"划分的理论。

"三个世界"划分的理论是建立在20世纪50年代两大阵营对立,60年代的大动荡、大分化、大改组,以及70年代国际关系中出现新格局的坚实基础上的,肯定了世界的多极化,它对于世界人民清楚地认识世界战略格局,团结广大发展中国家共同反对霸权主义,具有重大的战略意义。[①]

二、和平共处五项原则成为国际关系中的一条基本准则

自列宁提出和平共处的思想以来,世界形势发生了很大的变化。随着当代国际关系的发展,列宁的和平共处思想不断地被充实和完善,逐步被世界不同制度的国家和人民所接受,成为处理国际关系的重要指导原则之一。在新的历史时期,和平共处思想又有新

---

① 罗振宇、李景全等:《国际关系和外交政策》,群众出版社1987年版,第32—33页。

的发展。在范围上,和平共处思想从适用于两种不同社会制度的国家,扩大到适用于"世界各国",即包括社会主义国家在内的一切国家关系。在内容上,中国和缅甸倡导和平共处五项原则,即"互相尊重主权和领土完整、互不侵犯、互不干涉内政、平等互利、和平共处"。1955年4月万隆会议通过十项原则作为和平共处、友好合作的方针,极大丰富了列宁和平共处思想的内容。在实践上,和平共处不仅成为社会主义国家调整和处理国家之间关系的准则,而且得到世界各国和相当一些国际组织的确认,并写入重要的国际文件之中,指导相当多的国家建立正常的双边和多边关系。[①]朱奇武在《论和平共处五项原则》一文中阐述了列宁和平共处思想的发展,指出和平共处原则早被联合国宪章所确认。联合国宪章宣称,各国应"力行容恕,彼此以善邻之道,和睦相处";联合国之宗旨:"维护和平及安全","发展国际间以尊重人民平等权利及自决原则为根据之友好关系","促成国际合作,以解决国际间属于经济、社会、文化及人类福利性质之国际问题"。1970年联合国大会通过的《国际法原则宣言》规定,"每一国家有义务在其国际关系上避免为侵害任何国家领土完整或政治独立之目的,或以联合国宗旨不符之任何其他方式使用威胁或武力","各国应以和平方法解决其国际争端,避免危及国际和平、安全以及正义的原则","每一国均有责任充分并一秉诚意履行其国际义务,并与其他国家和平共处"。1974年联合国大会通过的《各国经济权利和义务宪章》更明确指出,"和平共处"

[①] 罗振宇、李景全等:《国际关系和外交政策》,群众出版社1987年版,第41—42页。

第三章
中国共产党对亲仁善邻的认识与实践

为指导国际关系的准则。它闪耀着亚洲文化的光芒，是新获得解放的亚洲人民对现代国际关系的重大贡献。在那以后的半个世纪里，和平共处五项原则经受住了世界风云变幻的考验，逐渐为国际社会普遍接受，作为指导国际关系的基本准则。和平共处五项原则的具体内容中，尊重、平等、互利、和平这样的字眼，都和亲仁善邻的中国智慧是一脉相承的。

通过和平共处五项原则的提出及其在日内瓦会议、万隆会议上的成功实践，新中国独立自主的和平外交赢得了世界上越来越多的国家的尊重。在国际形势缓和的背景下，中国与邻国之间因历史遗留下来的边界争议等问题却开始突出起来，处理这些问题不可避免地被提上了议事日程。这些问题处理得好，将大大促进中国与周边国家，特别是与亚洲民族独立国家的睦邻友好关系。而如果这些问题处理不好，将导致中国的周边出现一连串的热点地区，并在更广泛的程度上影响中国与亚非民族独立国家关系的发展。[1] 在冷战的大背景下，有可能把这些国家推向美国主导的遏制中国的军事同盟体系，从而使中国的国际环境严重恶化。因此，从20世纪50年代中期开始，中国政府开始着手解决与亚洲邻国之间的历史遗留问题，取得了一些成果，积累了宝贵的历史经验。

中华人民共和国成立时，是世界上邻国最多的国家之一。鸦片战争后，西方列强迫使清政府签订了许多不平等条约，通过这些条约划去了一百多万平方公里的中国领土。新中国成立时，边界的大致走向基本上是以这些不平等条约为基础而维持的。不仅如此，西

---

[1] 曲星：《中国外交50年》，江苏人民出版社2000年版，第209页。

方列强还企图在这些不平等条约之外攫取更多的中国领土，当时，中国周边的邻国大都是西方国家的殖民地，也就成为西方列强向中国扩张势力，攫取领土的基地。西方国家在向中国扩张势力的过程中，在中国与邻国之间制造了许多边界问题。第二次世界大战后，中国的亚洲邻国相继获得了民族独立，这些问题就被继承下来，成为中国与亚洲邻国之间的历史遗留问题。新中国成立时，与12个陆地邻国存在边界问题。面对这种复杂棘手的问题，中国政府认为这些边界问题是历史遗留下来的，新中国不能负责，新独立的有关国家也不能负责。中国政府主张：在处理这些边界问题的时候，既要照顾过去的历史背景，又要照顾已经形成的实际情况；有关双方中的任何一方都不应该把自己的要求强加于另一方，而应该在和平共处五项原则的基础上，通过友好协商，互谅互让，求得对双方都是公平合理的解决。

新中国成立之初，安全问题是首要问题，解决与邻国边界争议问题无法提上议事日程。20世纪50年代中期以后，中国的国际环境有了较大改善，解决边界问题也就有了可能。1955年4月，周恩来在万隆会议上郑重宣布："中国同12个国家接壤，同有些国家的一部分边界尚未确定。我们准备同邻邦确定这些边界，在此以前我们同意维持现状，对于未确定的边界承认它们尚未确定。我们约束我们的政府和人民不超越边界一步，如果发生这类事情，我们愿意指出我们的错误并立即退回国境。至于我们如何同邻国来确定边界，那只能用和平方法，不容许有别的方法。我们如果一次谈不好，就

第三章
中国共产党对亲仁善邻的认识与实践

再谈。"①

中国政府关于解决边界问题的主要政策和原则，概括起来主要有以下几点。

第一，解决边界问题的目的，是安定四邻，争取国际形势的缓和，便于进行建设，而不是使我们同邻国的关系紧张起来。我们的国策是和平外交政策。

第二，解决边界问题的原则，是和平谈判，友好解决，不诉诸武力。解决边界问题必须与我们和平共处政策的推广联系起来。中国是个大的社会主义国家，我们必须设想到这些国家和我们社会制度不同，对我们是有疑虑和畏惧的。我们一方面应当坚持和维护我们民族的正当利益，另一方面也必须而且的确应该在反对大国主义方面做出一些榜样。就边界问题来说，重要的是我们应该做到使双方真正在平等、互利、友好的基础上加以解决，而不在于我们必须多占一块地方，特别是一些很久已不在我们手中，或原来就不在我们手中的土地。

第三，历史与现实相结合，既照顾历史背景，又照顾已经形成的现实情况。承认客观历史事实，还其本来面目。不能要求中国外交五十年把凡曾向中国进过贡的地方都纳入我国版图，也不能追溯得太远，如不能以元朝的疆界为根据提出要求。② 在解决边界问题时不能把整个历史都翻出来作为依据，一般史料只能参考，只有最后

---

① 韩念龙：《当代中国外交》，中国社会科学出版社1988年版，第144页。
② 中华人民共和国外交部外交史编辑室：《研究周恩来——外交思想与实践》，世界知识出版社1989年版，第103页。

读懂亲仁善邻

一个时期的史料才有法理根据。这里,"最后一个时期"是指清末、北洋、民国时期,这个时期中国政府与外国政府谈判边界问题的资料可以引作法律依据。

第四,最终解决以前维持现状,不以武力改变现状。新中国成立前国民党统治所到达的地方我们全部接收,寸土不让,但也不超越国民党统治到达地区与外国实际控制地区的界线。在与外国接壤处,我们的原则是守住已经到达的地方,其中有些地方今后要调整,只能以和平谈判来解决,以历史上可以为凭的法理依据,并考虑到我们与某些国家的新关系和我们的政策来加以解决,不用武力改变现状。如果一块地方脱离中国版图已久,人口已不是中国人,我们就不提出要求了。[①]

中国对边界问题的政策,还与20世纪50年代中后期的历史背景有着密切的联系。为了争取亚洲国家特别是邻国对新中国的理解和信任,防止美国利用亚洲邻国对新中国的疑虑和担心扩张遏制中国的军事同盟体系,中国对亚洲国家推行和平外交政策。边界问题的解决是和平外交政策的一个组成部分,是中国对亚洲邻国增信释疑的抓手。1957年4月,周恩来在全国人民代表大会上全面阐述了中国解决边界问题的主要考虑。他说:"我们要解决边界问题,其目的是安定四邻,争取国际形势的和缓,便于进行建设,而不是使我们同邻国的关系紧张起来。我们的国策是和平外交政策。我们和亚非国家要在和平共处这个问题上起示范作用。我们主张世界各国都和平共处。……我们解决边界问题也必须和我们和平共处政策的推

[①] 曲星:《中国外交50年》,江苏人民出版社2000年版,第212—214页。

第三章
中国共产党对亲仁善邻的认识与实践

广联系起来进行。"① 根据上述原则,中国先后与缅甸、尼泊尔、蒙古国、巴基斯坦、阿富汗等国圆满解决了边界问题,这是这一时期中国外交工作的重大成就之一。②

2014年6月28日,和平共处五项原则发表60周年纪念大会在人民大会堂隆重召开,习近平总书记出席大会并发表题为《弘扬和平共处五项原则 建设合作共赢美好世界》的重要讲话。习近平总书记指出:"1954年6月28日和29日,中印、中缅分别发表联合声明,确认这五项原则将在相互关系以及各自国家同亚洲及世界其他国家的关系中予以适用。这是国际关系史上的重大创举,为推动建立公正合理的新型国际关系作出了历史性贡献。"③

60多年来,历经国际风云变幻的考验,和平共处五项原则作为一个开放包容的国际法原则,集中体现了主权、正义、民主、法治的价值观。和平共处五项原则成为国际关系基本准则和国际法基本原则意义重大,特别是在当今国际关系深刻演变、面临百年未有之大变局的背景下,遵守和平共处五项原则尤为重要。当前,多边主义遭遇单边主义、霸权主义逆流,自由贸易原则遭遇贸易保护主义、贸易霸凌主义践踏,霸权国家肆意破坏现存国际机制;规范国家行为的国际条约、双边或多边协议也频遭放弃或撕毁,国际秩序受到严重破坏。在这一历史关口,"人类向何处去""世界向何处去"成

---

① 当代中国丛书编辑部:《当代中国外交》,中国社会科学出版社1988年版,第144页。
② 夏莉萍:《当代中国外交十六讲》,世界知识出版社2017年版,第102—103页。
③ 习近平:《弘扬和平共处五项原则 建设合作共赢美好世界——在和平共处五项原则发表60周年纪念大会上的讲话》,人民出版社2014年版,第2页。

为各国关心的重要议题。遵守和平共处五项原则成为构建新型国际关系、加强全球治理、促进公平公正国际秩序形成的重要基石。①

三、睦邻友好、雪中送炭的道义精神

新中国成立后,中国政府积极地处理外交关系,使中国能作为一个独立的大国出现在国际舞台上,既捍卫自己主权和利益,又与世界各国合作进行建设。同时,中国政府抓紧工作,恢复国内秩序,复苏经济。中国人民期待一个和平的环境。但是严酷的国际形势使中国面临新的战争考验。美苏冷战的局面影响到整个世界政治格局,朝鲜战争的发生使中国无法独善其身。朝鲜战争爆发后,美国的大规模军事介入直接威胁到中国的国家安全。中国不得不做出抗美援朝的艰难决策。通过抗美援朝战争,中国达到了保家卫国的目的,为新中国的建设筑就了一道安全屏障。同时,这项决定也反映了中国在地缘政治上对唇亡齿寒的邻我关系的恻隐之心,以及帮助弱者、反抗强权侵略的精神。

从1949年起,北纬38度线附近朝韩双方军事摩擦不断。1950年6月25日,朝鲜半岛爆发内战。朝鲜内战爆发后,美国及其影响下的联合国迅速做出干预反应,引起中国方面的担忧。6月28日,毛泽东在中央人民政府委员会第八次会议上指出:"中国人民早已声明,全世界各国的事务应由各国人民自己来管,亚洲的事务应由亚

---

① 尚伟:《中国外交对马克思主义国际关系理论的践行与创新发展》,《马克思主义研究》2020年第2期。

第三章
中国共产党对亲仁善邻的认识与实践

洲人民自己来管，而不应由美国来管，美国对朝鲜内政的干涉是完全没有道理的。……全国和全世界人民团结起来，进行充分准备，打败美帝国主义的任何挑衅。"① 同日，周恩来公开发表声明："杜鲁门 27 日的声明和美国海军的行动，乃是对于中国领土的武装侵略，对于联合国宪章的彻底破坏。"② 中国政府的立场很清楚，既指出朝鲜的势态同中国的安危紧密相关，也表示中国不会袖手旁观。中国政府在 7 月 13 日即成立东北边防军，从河南抽调 4 个军及炮兵部队，开赴东北，增强边境防御。

在美国扩大对朝鲜的军事入侵之时，美国也对中国进行军事挑衅，③ 美国在远东加强军事攻势和对台湾地区地位所持态度的改变对中国政府构成了沉重的压力。9 月 25 日，中国人民解放军代总参谋长聂荣臻同印度驻华大使潘尼迦作过一次非正式谈话。聂荣臻指出：中国不能袖手旁观，坐视美国打到中朝边界。中国人民将不惜一切代价制止美国侵略。美国能轰炸我们，能消灭我们的工业，但他们在陆地打不垮我们。9 月 30 日，周恩来在政协全国委员会庆祝国庆大会上宣布："中国人民决不能容忍外国的侵略，也不能听任帝国主义者对自己的邻国肆行侵略而置之不理。"④

---

① 中华人民共和国外交部中共中央文献研究室：《毛泽东外交文选》，中央文献出版社 1994 年版，第 137 页。
② 中华人民共和国外交部中共中央文献研究室：《毛泽东外交文选》，中央文献出版社 1994 年版，第 18 页。
③ 林利民：《遏制中国》，时事出版社 2000 年版，第 146 页。
④ 中华人民共和国外交部、中共中央文献研究室：《周恩来外交文选》，中央文献出版社 1990 年版，第 24 页。

读懂亲仁善邻

10月1日，南朝鲜军队越过三八线。金日成召见中国驻朝鲜大使，并致电毛泽东，向中国政府发出出兵援朝的请求。此时，中国方面为避免出兵作战做了最后一次努力，希望美军别越过三八线。2日深夜，周恩来紧急约见印度驻华大使潘尼迦，请印度转告美国：如美军越过三八线，中国一定要管。我们主张朝鲜事件和平解决，不但朝鲜战争必须即刻停止，侵朝军队必须撤退，而且有关国家必须在联合国内会商和平解决的办法。[1] 为了让美国人重视中国的警告，周恩来专门嘱咐翻译把这个"管"字译出分量来。翻译采用了"INTERVENE"一词，也就是说中国要介入和干预，这样就把中国的意图说清楚了。[2] 美国从多个外交途径收到了这个信息。然而，美国领导人自以为拥有绝对优势，根本不相信中国会出兵。杜鲁门认为潘尼迦不过是"一个共产党宣传的传声筒"而已。10月3日，副国务卿韦布指示驻印大使请印度方面转告中国政府，美国认为中国的警告"缺乏法律和道义的依据"，"是对联合国权威的藐视"。10月4日，艾奇逊对报界说："有理由相信中国不会出兵朝鲜。"[3] 麦克阿瑟更是目中无人，他认为中国人不敢出兵，即使出兵，美国军队也定能很快将其击溃。

早在朝鲜战争爆发之初，中共中央就考虑如果战火扩大威胁到中国，如何采取反侵略的措施，并认为在台湾海峡、越南和朝鲜的

---

[1]《当代中国》丛书编辑部：《当代中国外交》，中国社会科学出版社1988年版，第37页。

[2] 田曾佩、王泰平：《老外交官回忆周恩来》，世界知识出版社1998年版，第177页。

[3] J.H. Kalicki, The Pattern of Sino-American Crises, Cambridge University Press, 1975, pp. 53-57.

第三章
中国共产党对亲仁善邻的认识与实践

三个战场中,在朝鲜作战的可能性最大,也对我们比较有利。7月7日,中央军委决定组建东北边防军,并以美军为假想敌,迅速从各地调集军队,进行作战的准备工作。毛泽东认为:如果美国得胜,就会得意,就会威胁我国。对朝鲜不能不帮。他指出:对于朝鲜人民,我们需要给予帮助和鼓励。朝鲜人民对于中国革命是有很大帮助的。中国革命的几个阶段,都有他们的帮助。美国在朝鲜干了起来,也可以在别的地方干起来,它什么都可以干起来。我们不准备就不好。我们要准备大打、长打、打原子弹。①10月1日,金日成恳请中国人民解放军出兵支援后,中国领导人就朝鲜局势召开紧急会议。10月2日,毛泽东为中共中央起草致斯大林的电报,表示中国将用志愿军的名义派一部分军队入朝作战。但这还不是最后的决定。在以后的半个月中,中央领导人反复讨论是否派人入朝参战的问题。有一种主要看法认为,我们自己刚刚解放,国内需要解决的问题很多,应该集中力量处理。另一种看法是要研究新中国有没有力量派兵出境同美国作战,能不能打赢,毕竟在国力和军事装备上,中国无法与美国相比。在会议上,毛泽东指出:"你们说的都有道理,但是别人处于国家危急时刻,我们站在旁边看,不论怎样说,心里也难过。"会议进行中间,彭德怀赶到北京参加了会议。在10月5日的会议上,彭德怀阐述了自己的看法,他指出:"出兵援朝是必要的,打烂了,等于解放战争晚胜利几年。如美军摆在鸭绿江岸

---

① 陶文钊:《中美关系史1949—1972(中卷)》,上海人民出版社2004年版,第23页。

和台湾，它要发动侵略战争，随时都可以找到借口。"① 鉴于美方无视中国的警告，把战火扩大到北朝鲜，并威胁要进犯中国东北，中国政府最终还是决定派人民志愿军入朝参战。

中国起初只是把朝鲜内战视为朝鲜局部问题。然而，随着战火的不断蔓延，特别是美国政府对新中国的敌视态度和麦克阿瑟的嚣张气焰，中国政府对美国的意图感到担心。尽管国内百废待兴，但出于对唇亡齿寒的考虑，为了"保家卫国"，中国政府还是决定派出人民志愿军参战。在抗美援朝战争中，中国以志愿军的名义轮番投入了25个野战军、16个炮兵师、10个铁道兵师和12个空军师入朝作战，连同后勤支持人员和补充兵员，总兵力达200多万人。中国方面牺牲18万多人。它在当时及在以后，都给中国带来许多困难和沉重的负担。但不可否认，抗美援朝战争在世界上改变了中国人是"东亚病夫"、软弱可欺的形象，同时加强了国防，巩固了新生政权。

除了抗美援朝反侵略战争以外，新中国在反侵略战争中体现出睦邻友好、和平共处的道义精神的还有1962年10月20日至1962年11月22日的中印边境自卫反击战、1950年至1953年和1965年至1973年的援越抗法和援越抗美、1965年至1971年的支援巴基斯坦反抗印度侵略的斗争、1978年支持柬埔寨抵抗越南侵略的斗争等。新中国自立自强，帮助周边弱国、反抗强权、主持公道、不谋私利的实践，不仅真实地反映了作为一个发展中大国的亲仁善邻外交本色，而且以实际行动赢得了邻国的信任与尊敬。②

---

① 彭德怀：《彭德怀自述》，人民出版社1981年版，第257—258页。
② 夏莉萍：《当代中国外交十六讲》，世界知识出版社2017年版，第37—57页。

第二节　改革开放与社会主义现代化建设新时期践行亲仁善邻

一、和平与发展

进入改革开放和社会主义现代化建设新时期，邓小平在新的历史条件下，适应时代变化发展的需要，对和平问题作了许多新的思考与阐发，提出"和平与发展"的时代主题，对中国的对外战略作了全面调整，把中国独立自主的和平外交推进到一个新的发展阶段，为维护和促进世界和平作出新的贡献。

自 20 世纪 50 年代中期以后，世界基本矛盾关系发生了重大变化，世界主题也开始由战争与革命逐渐向和平与发展转换。这一转换的过程大约经历了 30 年的时间。其转换的原因大概有如下几点。第一，从资本主义方面来说，新的科技革命大大促进了社会生产力的发展，也使资本主义发展为国家垄断资本主义。国家对经济的宏观调控大为强化，从而增强了应对危机和困难的能力；同时，资产阶级也实行了某些改革措施，使资本主义国家内部的阶级矛盾趋于相对缓和。另外，战后资本主义国家都致力于恢复和振兴经济，因而经济的合作与竞争成了它们之间的主要关系。这就使资本主义世界呈现出相对稳定的发展状态。第二，从社会主义与资本主义的矛盾方面来说，十月革命到第二次世界大战后，社会主义革命从一国胜利到多国胜利，形成了一支与资本主义阵营相抗衡的主要力量，也成为维护世界和平的重要力量。社会主义与资本主义之间的各种矛盾与冲突,也逐渐由极端激化的"热战"变为相对缓和的"冷战"。在诸多交往领域,"对话"逐步代替了"对抗",政治军事的对峙抗衡逐步演变为经济科技的竞争与合作中的矛盾与斗争。第三,从帝国主义与殖民地半殖民地国家之间的矛盾来看,由于第二次世界大战以后民族解放运动不断胜利,第三世界作为一支重要的政治力量在国际舞台上崛起,这一矛盾便转化为发达资本主义国家与第三世界国家之间的矛盾。第三世界同垄断资本主义之间的斗争,一方面是反对霸权主义,维护本国的独立和主权;另一方面是追求建立国际新秩序,缩短与发达国家间的经济差距,改变不平等的经济关系。随着世界各种矛盾关系的变化,世界主题也就从战争与革命逐步转化为和平与发展。至20世纪80年代,这一转化过程愈加趋于明朗化并逐步确定下来。

作为我国改革开放的总设计师,邓小平非常关注世界局势的发展变化,也较早地意识到和平与发展态势的到来。所以,在20世纪80年代初,邓小平在许多讲话中一再强调和平问题和经济发展问题的重要性,并不断申明我国维护世界和平、致力于经济发展的基本国策。到1984年5月,邓小平在会见巴西总统菲格雷多时,便把和平与发展联系起来作为世界两大突出问题明确提了出来。他说:"现在世界上问题很多,有两个比较突出。一是和平问题。现在有核武器,一旦发生战争,核武器就会给人类带来巨大的损失。要争取和平就必须反对霸权主义,反对强权政治。二是南北问题。这个问题在目前十分突出。发达国家越来越富,相对的是发展中国家越来

第三章
中国共产党对亲仁善邻的认识与实践

越穷。南北问题不解决，就会对世界经济的发展带来障碍。"①1985年3月，邓小平在会见日本工商会议所访华团时又进一步阐明了这一看法，他指出："现在世界上真正大的问题，带全球性的战略问题，一个是和平问题，一个是经济问题或者说发展问题。和平问题是东西问题，发展问题是南北问题。概括起来，就是东西南北四个字。"②1987年10月，党的十三大报告明确提出"和平与发展是时代主题"。1988年12月，邓小平在会见印度总理拉吉夫·甘地时，再一次强调："当前世界上主要有两个问题，一个是和平问题，一个是发展问题。和平是有希望的，发展问题还没有得到解决。"③邓小平关于和平与发展成为世界主题的论断，绝不是偶然形成的或主观随意提出的，而是依据世界局势演化的客观现实，经过冷静细心的观察和认真深入的分析而得出的。这一论断既总结了此前世界局势演化的状况，又预测了此后世界局势进一步发展的势态。此后，邓小平又不断强调和完善这种看法。到20世纪80年代末和90年代初，随着苏联解体、东欧剧变，原来的世界两极格局瓦解，东西方冷战最终宣告结束，和平与发展这一世界主题就表现得更加明显、更加突出，因而也逐渐成为世界各国的普遍共识。

和平与发展是内在统一的辩证关系。和平离不开发展，发展需要和平。它们之间既相互联系、相互渗透，又相互制约、相互促进。一方面，和平的国际环境是经济发展的前提和保证。没有和平的国

---

① 《邓小平文选》第3卷，人民出版社1993年版，第56页。
② 《邓小平文选》第3卷，人民出版社1993年版，第105页。
③ 《邓小平文选》第3卷，人民出版社1993年版，第281页。

读懂亲仁善邻

际环境,世界经济就会受到破坏,各国的发展就会受到阻碍。从国际范围来看,20世纪前半期,尽管世界经济也在发展,但由于先后爆发了两次世界大战,给世界经济的发展带来极大破坏。战争灾难加上频繁的经济危机,震撼了整个世界,使资本主义各国的经济陷入空前凋敝的破败状态。这就清楚地表明,在不太平的国际环境下,世界经济的发展就会受到严重影响,其发展速度必然是比较缓慢的。而20世纪后半期以来,国际社会相对和平,促使世界经济以前所未有的速度飞快发展。发达资本主义国家在二战后经历了短暂的恢复和休整后,进入经济迅速增长的黄金时代,经济发展水平和经济实力有了显著的提高和增强。战后社会主义国家的经济建设,也走上了迅速发展的道路,在经济增长速度上远远超过了发达资本主义国家。这一时期,世界经济呈现出竞相发展的好势头。尽管自70年代中期以来,西方国家的经济先后陷入了"滞胀"状态,在一定程度上影响了世界经济的持续发展,但是总的来说,相对和平的国际环境,使20世纪后半期的经济比前半期有了更快的发展。邓小平曾反复强调和平环境对于发展的重要性,他说:"要发展自己,只有在和平的环境里才有可能。"[1] "为了使中国发展起来,实现我们的宏伟目标,需要一个和平的国际环境。我们是热爱和平的。"[2]

另一方面,发展是保障和平的基础条件,是和平的目的和价值体现。第二次世界大战后,各国都面临着继续发展经济的问题。在当时南北之间的经济关系中,发达国家基于对市场和原料的需求,

---

[1]《邓小平文选》第3卷,人民出版社1993年版,第82页。
[2]《邓小平文选》第3卷,人民出版社1993年版,第94页。

第三章
中国共产党对亲仁善邻的认识与实践

离不开发展中国家；而发展中国家基于对资金和先进技术设备的需要，也离不开发达国家。正是战后发展成为世界各国的共同利益和要求，以及在经济发展中形成了荣损俱承的利害关系，遏制了新的世界大战的爆发。邓小平就此曾指出："越发展和平力量越大。"[①] 相反，也正因为还有许多发展中国家经济落后，国内社会矛盾便异常尖锐，政治上动荡不安，成为国内战乱的导源，进而波及和影响到国际社会的安定。也有某些国家为谋求自己发展的条件，不惜以武力侵害他国利益，致使地区性局部战争时常发生。正如邓小平所指出的："世界上一些国家发生问题，从根本上说，都是因为经济上不去。"[②] 可见，只有发展经济、实现共同繁荣，才能从根本上维护世界和平。

根据邓小平的阐述，和平与发展都是带有全球性、战略性和关系全局的大问题，毋庸置疑地成为当今世界的主题。邓小平关于和平与发展的论断，既传承了中国人自古提出的"国虽大，好战必亡"的箴言，为中国的改革开放和现代化建设赢得良好的国际环境，又将亲仁善邻传统智慧落实在各民族、国家的共同发展上，为新时期党和国家坚持推行睦邻友好的外交理念、外交战略和外交政策，提供了根本性的理论根据和思想基础。

20世纪90年代以后，国际形势总体继续趋向缓和，世界日益走向多极化，和平与发展仍然是时代的主题。但是，冷战思维依然存在，霸权主义和强权政治仍然是威胁世界和平与稳定的主要根源。

---

① 《邓小平文选》第3卷，人民出版社1993年版，第233页。
② 《邓小平文选》第3卷，人民出版社1993年版，第354页。

读懂亲仁善邻

世界的和平与稳定日益受到来自西方某些大国的强权政治和霸权主义的严重威胁。他们企图建立以西方资本主义大国利益为基础，以西方资本主义大国为领导的，以西方的社会制度、政治和经济模式、意识形态和价值观念为目标的新秩序。在这种背景下，这些西方国家进一步在全世界推行霸权主义和强权政治。作为一个发展中的大国，又是联合国安理会常任理事国之一的中国，首先就要坚决地反对霸权主义、强权政治。江泽民全面把握世界形势的发展变化，明确提出和平与发展仍然是时代的主题，这个基本判断没有变。他在庆祝中国共产党成立八十周年大会上再次强调："和平与发展是时代的主题。""和平与发展这两大课题至今一个都没有解决，天下仍很不太平。"[1] 这一判断不仅为我国独立自主、和平外交战略的提出奠定了基础，更为我们实现这一战略规定了首要目标——反对霸权主义，反对强权政治。因为霸权主义、强权政治是战争的根源，是和平的主要障碍。20世纪90年代以后，江泽民多次提出，霸权主义、强权政治的存在，始终是解决和平与发展问题的主要障碍。"霸权主义和强权政治仍然是威胁世界和平与稳定的主要根源。"[2] 正因为如此，我们党和国家的政策是"反对一切形式的霸权主义和强权政治"[3]。

反对霸权主义和维护世界和平是相互联系、不可分割的，反对霸权主义的目的在于维护世界和平，而维护世界和平就必须反对霸

---

[1]《江泽民文选》第3卷，人民出版社2006年版，第297页。
[2]《江泽民论有中国特色社会主义（专题摘编）》，中央文献出版社2002年版，第513—514页。
[3]《江泽民文选》第3卷，人民出版社2006年版，第298页。

第三章
中国共产党对亲仁善邻的认识与实践

权主义。第三世界是反对霸权主义,维护世界和平最积极、最坚定的力量。江泽民说:"一个社会主义现代化中国必将屹立于世界东方。中国的发展是对世界和平与发展的贡献。中国人民热爱和平,坚决维护世界的和平与稳定。"① 中国发展和强大起来,也决不谋求霸权,绝不会对任何国家构成威胁,而且它作为维护世界和平与稳定的重要力量,必将对人类作出更大的贡献。他强调:"我们一贯主张各国应遵守联合国宪章的宗旨和原则以及公认的国际关系基本准则,各国的事务应由本国政府和人民决定,世界上的事情应由各国政府和人民平等协商,反对一切形式的霸权主义和强权政治。国际社会应树立以互信、互利、平等、协作为核心的新安全观。努力营造长期稳定、安全可靠的国际和平环境。"② 江泽民的这些主张不仅为和平外交战略指明了正确的发展方向和首要目标,而且对世界人民在新形势下反对各种形式的霸权主义和新干涉主义、维护世界和平具有积极意义,是对亲仁善邻的生动实践。

进入 21 世纪,世界发生深刻复杂变化,和平与发展仍然是时代主题。世界多极化、经济全球化深入发展,文化多样化、社会信息化持续推进,科技革命孕育新突破,全球合作向多层次全方位拓展,新兴市场国家和发展中国家整体实力增强,国际力量对比朝着有利于维护世界和平方向发展,保持国际形势总体稳定具备更多有利条件。

以胡锦涛同志为主要代表的中国共产党人统筹国内国际两个大

---

① 《江泽民文选》第 3 卷,人民出版社 2006 年版,第 112 页。
② 《江泽民文选》第 3 卷,人民出版社 2006 年版,第 298 页。

局，高举和平、发展、合作的旗帜，坚持独立自主的和平外交政策，坚定不移地走和平发展道路，妥善应对纷繁复杂的国际形势，广泛开展友好交往和互利合作，积极参与国际事务，有效地捍卫了国家的主权、安全和发展利益，中国的国际地位和国际影响力持续提升。

走和平发展、独立自主的道路始终是我国奉行的外交准则，是我国在处理对外关系上的必然选择。中国坚定不移地走和平发展道路，这是中国政府和人民秉承中华优秀传统文化和一贯的以和为贵的和平理念、根据时代发展潮流和自身根本利益作出的战略抉择。这条发展道路决定了中国必然坚持防御性的国防政策。不论现在还是将来，不论发展到什么程度，中国都永远不称霸，不搞军事扩张和军备竞赛，不会对任何国家构成军事威胁，中国军队永远是维护世界和平、促进共同发展的重要力量。

党的十七大报告在阐释我国外交政策时指出，中国将始终不渝走和平发展道路，推动建设持久和平、共同繁荣的和谐世界。这一论述，揭示了中国外交和对外关系方面的基本方略。

中国坚持独立自主的和平外交政策，在和平共处五项原则基础上同世界各国和睦相处，有效地捍卫了国家的主权、安全和利益，维护了国家发展的重要战略机遇期，在国际舞台上树立了和平、民主、文明、进步的形象。

走和平发展道路，推动建设和谐世界，作为指导我国外交工作的重要战略思想和新的理念，有助于使我们的世界更加多姿多彩，更加和睦和谐，有助于与世界各国实现互利共赢和共同发展。

胡锦涛强调，中国将始终不渝走和平发展道路，坚定奉行独立自主的和平外交政策。我们坚决维护国家主权、安全、发展利益，决不会屈服于任何外来压力。我们根据事情本身的是非曲直决定自己的立场和政策，秉持公道，伸张正义。中国主张和平解决国际争端和热点问题，反对动辄诉诸武力或以武力相威胁，反对颠覆别国合法政权，反对一切形式的恐怖主义。中国反对各种形式的霸权主义和强权政治，永远不称霸，永远不搞扩张。中国将坚持把中国人民利益同各国人民共同利益结合起来，以更加积极的姿态参与国际事务，发挥负责任大国作用，共同应对全球性挑战。

二、构建国际政治新秩序

20世纪80年代末至90年代初，是和平发展外交迎接国际形势和国际格局颠覆性巨变的挑战和机遇而进行理念、战略和政策全面调整的大变革时段。以江泽民同志为主要代表的中国共产党人，直面苏联解体、东欧剧变、两极格局瓦解的激烈动荡与巨大考验，保持战略定力，始终把维护中国的国家主权和国家安全放在第一位，坚持韬光养晦，妥善处理危机事件，维护了国家稳定和发展大局。面对纷繁复杂的国际形势和国际关系，江泽民紧紧把握时代的脉搏，依据和平与发展依然是时代主题的判断，积极顺应冷战后世界发展的大趋势，从我国的国家根本利益和战略目标出发，提出了一系列新的论断，从而极大地丰富和发展了中国特色社会主义理论体系中的外交战略，为我们创造一个良好的国际环境提供了理论依据和行动指南。

世界格局和经济走势历来是判断国际战略形势和制定外交政策的关键问题。江泽民提出,正确认识当今世界的各大力量或力量中心以及它们之间的相互关系,把握经济发展的大趋势,这既是我们科学判断国际战略环境的重要前提,也是我们制定和调整国家发展战略和外交政策的基本依据之一。因此,他提出世界格局呈多极化发展态势,并倡导顺应经济全球化潮流。以江泽民同志为主要代表的中国共产党人领导全国人民推进我国现代化建设事业的进程中,始终以更加宽阔的视野观察世界经济的发展大势,敏锐地审视世界经济发展出现的新变化,辩证地把握世界经济全球化的内在属性,提出一系列关于经济全球化的精辟见解和论断,适应世界经济的发展潮流,以更加积极主动的姿态走向世界。

面对"后冷战"时代不公正、不合理的国际政治经济旧秩序还没有根本改变,新的霸权主义和强权政治推行西方资本主义的单一模式来反对当代世界多极化、多样性的现实,江泽民提出要"推进国际关系民主化,凝聚各国人民的力量解决面临的突出问题"。中国高举建立国际政治经济新秩序的大旗,根据国际形势中出现的新情况、新问题,与时俱进地丰富和完善了建立国际新秩序的思想内涵和具体内容,使其更具有针对性、操作性。

两极格局崩溃后,国际政治和国际关系的发展进入一个崭新的历史阶段。如何和怎样在新的历史时期建立与时代发展主流相适应的国际新秩序,是各国普遍关注的重大课题。面对新世纪的来临,江泽民着眼于人类的前途和命运,立足和平与发展的时代主题,从战略的高度,进一步阐明了中国关于建立国际新秩序的政策主张,

第三章
中国共产党对亲仁善邻的认识与实践

形成比较完整的理论体系。

国际秩序是某种特定体系下国家间普遍遵循的某种行为准则或规范。由于国际体系反映了各种国际力量之间所形成的某种稳定的关系，因此，有什么样的国际体系就会有什么样的国际秩序。20世纪中期后，美苏两个超级大国为争夺世界霸权持续进行了近半个世纪的冷战，致使国际形势长期处于紧张状态，地区冲突连续不断，人类始终被笼罩在战争的阴影之下，饱尝战争与战争威胁之苦。这样一种国际秩序严重阻碍了世界和平与发展的历史进程。随着冷战的结束，世界和平力量进一步增强。人们渴望和平，期待历史的悲剧不再重演。正如江泽民所指出的，"要相互尊重与平等互利，不要霸权主义与强权政治；要对话与合作，不要对抗与冲突，已成为越来越多国家的共识"[①]。在总结历史教训的基础上建立面向新世纪的国际新秩序，是摆在世界各国面前的一项重大历史任务。人类为争取和捍卫世界和平付出了沉重的代价，深深认识到和平之可贵。在这世纪交替的时刻，如何推进21世纪的和平与发展的崇高事业，已成为各国政治家和全世界人民必须认真思考和解决的重大课题。

江泽民意识到世界格局转变为世界秩序变革提供了契机。在两极对抗时期，美苏两个超级大国从维护自身的国家利益、争夺世界霸权的战略目标出发，长期垄断国际事务，争夺势力范围，控制中小国家，国际秩序实际上是两个超级大国国家意志的反映，是符合他们利益的国际安排。苏联解体后，旧的世界秩序难以为继，世界

---

① 江泽民：《为建立公正合理的国际新秩序而共同努力》，《人民日报》1997年4月24日。

政治进入某种程度上的失序状态，这为世界秩序的大变革提供了难得的契机。与此同时，世界政治多极化发展客观上有利于公正、合理的国际新秩序的建立。江泽民指出："世界正在走向多极化，这是当今国际形势的一个突出特点。无论是在全球，还是在地区范围，无论是在政治还是在经济领域，多极化趋势都在加速发展。极少数大国或大国集团垄断世界事务、支配其他国家命运的时代已一去不复返了。大国关系不断调整，多个力量中心正在形成。广大发展中国家总体实力增强，地位上升，成为国际舞台上不容轻视的一支重要力量。各类区域性组织日趋活跃，显示出强劲的生命力。"[①] 一方面，世界政治多极化发展有利于世界各国在平等的基础上处理国家关系和国际事务，有利于各国共同参与国际规则的制定，从而为国际新秩序体现世界各国的利益和要求提供了可能。另一方面，世界政治多极化也有助于制约霸权主义和强权政治。在当代国际政治中，霸权主义和强权政治依然存在并有新的发展，这不仅严重威胁了世界的和平与发展，而且也对公正、合理的国际新秩序的建立造成了极大的阻碍。而世界政治多极化则在客观上有利于抵制各种形式的肆意践踏别国主权、干涉他国内政的霸权主义和强权政治。

作为长期深受列强欺负和凌辱的发展中国家，中国对国际旧秩序的危害有着特别深刻的体会。中国人民"不愿看到世界上任何地区再发生新的热战、冷战和动乱"，"不愿看到任何国家或国家集团再推行新的霸权和强权"，"不愿看到南北之间的发展差距、贫富鸿

---

① 江泽民：《为建立公正合理的国际新秩序而共同努力》，《人民日报》1997年4月24日。

第三章
中国共产党对亲仁善邻的认识与实践

沟再扩大下去。中国人民和各国人民都渴望世界持久和平,渴望过上稳定安宁的生活,渴望建立公正合理的国际新秩序,渴望实现国际关系的民主化,渴望促进共同发展和共同繁荣,共创人类美好的未来"。① 然而令人遗憾的是,"人们居住的这个星球远非一片乐土",冷战思维依然存在,霸权主义和强权政治仍然是国际社会面临的一个严重的现实问题,"不公正、不合理的国际政治经济秩序还在损害着发展中国家的利益"。② 所以,中国愿意与世界各国一道,为建立公正、合理的国际政治经济新秩序而共同努力。

冷战结束之初,江泽民在继承邓小平关于国际新秩序问题思想的同时,对如何建立国际新秩序问题进行了深入的思考。1992年4月,江泽民在庆祝中日邦交正常化20周年民间组织委员会举办的演讲会上,发表了题为《国际形势和中日关系》的演讲。在演讲中,江泽民初步提出了我国对建立国际政治经济新秩序的原则立场和主张。1995年10月,江泽民在联合国成立50周年特别纪念会议上所作的《让我们共同缔造一个更美好的世界》讲话中,对建立国际新秩序应遵循的原则作了进一步阐述。1997年4月,江泽民在俄罗斯国家杜马发表的题为《为建立公正合理的国际新秩序而共同努力》的演讲中,系统而全面地阐发了中国关于建立国际新秩序的基本原则和主张。

江泽民指出,建立国际政治经济新秩序的总的精神是,"应该从当今世界的实际情况出发,应该反映世界各国人民的普遍愿望和共

---

① 《江泽民文选》第3卷,人民出版社2006年版,第296—297页。
② 江泽民:《走向新世纪的中国与中美关系》,《人民日报》1995年10月26日。

同利益,应该体现历史发展和时代进步的要求"①。立足这一精神,并根据历史经验和现实状况,他提出:"我们主张在互相尊重主权和领土完整、互不侵犯、互不干涉内政、平等互利、和平共处等原则的基础上,建立和平、稳定、公正、合理的国际新秩序。"②之所以将和平共处五项原则作为建立国际新秩序的基础,是因为和平共处五项原则概括了最基本的国际关系准则,反映了新型国际关系的本质特征,完全符合联合国宪章的宗旨和原则。而且,和平共处五项原则是一套完整的国家行为规范,比其他国际性、区域性的法律原则更全面、更合理。此外,和平共处五项原则完全、彻底、全部摆脱了旧国际关系中的不公正、不合理的因素和消极影响,同霸权主义和强权政治针锋相对,符合现代国际关系中的民主精神,反映了国际社会特别是广大发展中国家的共同愿望,体现了时代的特点,符合世界人民的根本利益。

中国坚定不移地实施"走出去"战略,继续推动公正、合理的国际政治经济新秩序的建立,积极推动国际关系民主化的发展进程,逐步打开了中国外交在当代世界政治多极化和经济全球化时代的新局面,这是中国共产党在世纪之交践行亲仁善邻的重要表现。

---

① 《江泽民论有中国特色社会主义(专题摘编)》,中央文献出版社 2002 年版,第 541 页。
② 《江泽民文选》第 1 卷,人民出版社 2006 年版,第 243 页。

三、尊重世界多样性

江泽民在继承邓小平关于和平与发展是时代主题这一重要论断的同时,提出尊重世界多样性,从而将我们党对人类社会和人类文明发展的认识向前大大推进了一步。1990年8月,江泽民在会见缅甸联邦国家恢复法律和秩序委员会主席苏貌一行时,首次提出世界多样性。他说:"世界是丰富多彩的,有多种多样的意识形态,采取什么样的意识形态,也应当由各国人民来选择。"① 此后在党的十五大、十六大以及一系列重大国际活动和我们党的文献中,他又多次阐述这一主张。尤其是1999年欧亚之行所发表的系列演讲和重要谈话,以及2001年在庆祝中国共产党成立八十周年大会上的讲话中,江泽民对这一主张作了全面、系统的理论阐述。事物的存在方式和发展方式具有多样性,这是客观世界的基本属性。但由于受制于某种僵化或单一的思维模式的影响,人们往往很难做到正确把握并对待这种多样性。江泽民立足丰富多彩的国际现实,以非凡的理论勇气和政治勇气,对尊重世界多样性作出全面深刻、实事求是的分析。

首先,承认世界是丰富多彩的。世界是丰富多彩的,这是当今世界最基本的现实。各国之间、各种文明之间不仅在自然条件上存在明显的差别,而且在历史、民族、文化、宗教等方面存在显著的多样性和差异。正是由于不同的自然条件和不同的历史发展基础,世界各国在经济发展状况和政治制度模式方面呈现出不同的特色。

---

① 闻韵、丁信成、高鸣:《江泽民理论论述大事纪要(下)》,中共中央党校出版社1998年版,第587页。

读懂亲仁善邻

1992年4月,江泽民在访问日本时谈道:"世界是多样性的。在我们这个星球上,由上千个民族所组成的近200个国家,不仅存在着自然环境的差异,而且经历了不同的社会历史发展过程,这就形成了各种社会制度、价值观念、生活方式、宗教信仰和文化传统。"1999年11月,他在访问沙特阿拉伯时再次指出:"中华民族和阿拉伯民族都是古老的民族,都曾创造了自己的璀璨文明","中华民族历来坚持独立自主的民族精神和发展道路。中国人民把独立自主当作立国之本,在五千年不懈奋斗中创造了灿烂的中华文明,并在近代反抗外来侵略、实现民族解放的斗争中自立自强,最终掌握了自己的命运"。[1] 中华文明与其他文明具有明显不同的特点,这本身就是世界多样性的体现。他还认为,未来世界之所以应该是多极并存的各国共同发展的世界,也是人类文明的丰富多彩的现实所决定的。

各国人民走过了不同的发展道路,展现出不同的文化背景、社会制度和价值观念,延续着各具特色的生活方式。这既是世界历史发展的基本特征,也是世界充满竞赛、活力和创造的根本原因。没有这种多样性,世界不仅会变得单调乏味、死气沉沉,难以形成今天丰富多彩的局面,而且会严重制约人类进步和世界文明发展的步伐。对此,江泽民指出,"人类在漫长的发展过程中,创造了多姿多彩的文明。这些文明既有共性,也有差异,但都是人类社会智慧的结晶。正是人类文明的这种多样性,我们这个有着近两百个国家、两千五百多个民族的星球才如此丰富多彩"[2]。从以上的论述以及他

---

[1] 江泽民:《对沙特社会各界知名人士的演讲》,《人民日报》1999年11月3日。
[2] 江泽民:《对沙特社会各界知名人士的演讲》,《人民日报》1999年11月3日。

第三章
中国共产党对亲仁善邻的认识与实践

对中华文明和阿拉伯文明的分析中,我们可以看到他观察问题的两个独特的思维视角。其一,思维的历史纵深性,从历史发展的规律中寻找世界文明多样性的理论基础。在他看来,世界上不同文明之间的差异不是无缘无故存在的,而是具有深刻历史基础的,这表明,任何一种文明的存在都是具有生命力的。由此,我们还可以进一步看到,从推动人类文明进步的需要来说,维护当今世界文明的多样性同样是合理的。其二,思维的宏观性,即从整体上把握世界上众多的文明与丰富多彩的客观现实之间的因果关系,从多样性促进人类社会的繁荣进步的角度,指出文明多样性的合理性。

其次,尊重世界多样性的客观现实。世界的多样性是人类发展的客观形式,世界的多样性有其特定的历史根据和现实基础,没有多样性就不能称其为世界。这就要求我们必须尊重世界多样性客观现实。江泽民在党的十五大报告中指出:"要尊重世界的多样性。当今世界是丰富多彩的。各国都有权选择符合本国国情的社会制度、发展战略和生活方式。各国的事情要由各国人民自己作主,国际上的事情要由大家商量解决。"[1]在庆祝中国共产党成立八十周年大会上,他再次指出:"应尊重各国的历史文化、社会制度和发展模式,承认世界多样性的现实。世界各种文明和社会制度,应长期共存,在竞争比较中取长补短,在求同存异中共同发展。"[2]江泽民不仅十分重视在重大场合大力倡导尊重世界多样性,而且将其作为我们党制定对外政策、处理大国关系的重要理论基础。1992年4月,江泽民

---

[1]《江泽民文选》第2卷,人民出版社2006年版,第40页。
[2]《江泽民文选》第3卷,人民出版社2006年版,第298页。

访问日本。为了推动中日关系的发展，并以日本为突破口打破西方国家对中国的孤立和制裁的局面，江泽民从维护世界和平与发展的大局出发，着眼于推动世界多极化和建立国际新秩序，重点阐述了尊重世界多样性，从而为改善和发展中日关系找到了一条双方都能接受的思路。1997年4月，中俄两国领导人基于尊重世界多样性的共识，签署了《中华人民共和国和俄罗斯联邦关于世界多极化和建立国际新秩序的联合声明》，此举标志着尊重世界多样性已经成为两国处理双边关系以及国际事务的重要理论基础。同年5月，在中方的积极倡导下，江泽民与法国总统希拉克就尊重世界多样性达成共识。在两国元首共同签署的《中法联合声明》中，"尊重世界多样性"作为重要共识，单独列出并加以强调，从而使尊重世界多样性日益为众多世界大国所接受。

世界的发展具有多样性，我们应该充分尊重这种多样性。但也应看到，正是这种多样性使世界文明之间既存在统一性、共存性，也存在差异性和矛盾性。因此，如何处理不同类型文明之间的关系，就成为当代国际关系中的重大现实课题。江泽民立足现实，高瞻远瞩，积极倡导正确处理不同文明、不同制度和不同国家之间关系的新思路。首先，必须尊重各国人民对社会制度和发展道路的自主选择。他认为，在多样化的世界里，国家与国家之间，都不应该把自己的意志和模式强加于人。我们主张国家无论大小、强弱、贫富，都具有独立自主的国家主权和相互平等的地位。各国要互相尊重领土完整，任何国家不得以任何借口侵犯或吞并别国领土。各国有权根据本国的具体国情，选择自己的社会制度、意识形态和发展道路，

第三章
中国共产党对亲仁善邻的认识与实践

制定自己的政策和法律,任何国家不得以任何借口干涉别国内部事务。国与国存在的分歧和争端,应该通过协商和平解决,不得诉诸武力和武力威胁。"根据本国国情和自己的意愿选择社会制度和发展道路,是各国人民的主权,别人无权干涉。每个国家和民族都有自己的特点和长处,大家只有彼此尊重,求同存异,和睦相处,互相促进,才能创造百花争妍、万紫千红的世界。"① 其次,必须反对霸权主义和强权政治。他不仅指出阻碍文明之间对话和交流、威胁世界和平与稳定的主要根源——霸权主义和强权政治,而且还把反对霸权主义、强权政治和解决文明之间的矛盾、冲突联系起来进行考察,明确提出要反对霸权主义,维护世界和平。江泽民对霸权主义和强权政治行径在世界历史中的命运进行深刻总结后指出:"历史的发展变化昭示人们:人民是历史的创造者和推动者。历史洪流回旋跌宕,奔腾不息,人类社会走向进步的趋势不可阻挡。任何国家,自恃强大,迷信武力,谋求霸权,推行扩张政策,注定要失败。制造借口侵犯他国主权,干涉他国内政,终将自食其果。不顾当代世界丰富多彩的客观实际,企图把自己的社会制度、发展模式和价值观念强加于人,动辄以孤立、制裁相威胁,这种霸权行为只能以损人开始,以害己告终。"② "不承认、不尊重世界多样性,企图建立清一色的一统天下,是必定要碰壁的。"③ 他还联系我国的实际,突出强调了不干涉内政的原则:"中国有过长期被列强欺侮、瓜分、奴役和掠夺的悲

---

① 《江泽民文选》第1卷,人民出版社2006年版,第480页。
② 《江泽民文选》第1卷,人民出版社2006年版,第478页。
③ 《江泽民文选》第1卷,人民出版社2006年版,第480页。

惨历史，十分珍视自己和尊重别人的独立主权。""中国人民恪守不干涉别国内政的原则，中国人民也决不允许别人侵犯自己进行历史选择的权利。"① "我们绝不把自己的社会制度和意识形态强加于人，同样，也绝不允许别的国家将自己的社会制度和意识形态强加于中国。我们这个原则立场，是绝不会改变的。"②

借用中国古人"和而不同"的观念，江泽民提出多样性是世界存在的本质特征，指出各个国家、各种文化应该在"求同存异"中共同发展："世界多样性是客观存在，应该正视它、适应它。这就要求各国互相尊重，互不干涉内政，平等相待，求同存异，和平共处，发展合作。只有这样，才有可能维持持久的和平与稳定，为各国共同发展创造必要的国际环境。"这是中国共产党践行亲仁善邻的又一重要表现。

四、推动建设和谐世界

2005年9月，胡锦涛在联合国成立60周年首脑会议上发表题为《努力建立持久和平、共同繁荣的和谐世界》的讲话，提出构建一个持久和平、共同繁荣的"和谐世界"。这是中国首次在代表世界最高权威的讲坛上，以国家最高领导人的名义，向全世界提出从中国传统文化和当代内政中演绎出来的政治、社会和文化理念——

---

① 江泽民：《在庆祝中华人民共和国成立四十周年大会上的讲话》，人民出版社1989年版，第27页。
② 《江泽民文选》第1卷，人民出版社2006年版，第244页。

第三章
中国共产党对亲仁善邻的认识与实践

"和谐世界"。对世界来说,这是一份弥足珍贵的"和谐"宣言书。这一理念的提出有着重大的理论创新价值,在中国对外关系史上、在中国对外政策史上都有着突破和影响。

党的十七大报告指出:"当今世界正处在大变革大调整之中。和平与发展仍然是时代主题,求和平、谋发展、促合作已经成为不可阻挡的时代潮流。"以胡锦涛同志为主要代表的中国共产党人,直面内外部环境"机遇前所未有,挑战也前所未有,机遇大于挑战"的新形势,共同分享发展机遇,共同应对各种挑战,全面、系统地提出中国外交在新世纪新阶段以"建设和谐世界"为目标。

全球多边化趋势的日益强化,是和谐世界理念产生的国际背景。世界尚处于转型时期,整个世界还不够和谐,尤其是冷战思维并未消失,霸权主义的幽灵仍挥之不去,"中国威胁论""人权高于主权论"等荒谬理论在西方国家仍有一定的市场,这就十分需要找到更具相容性的方法来化解矛盾。尤其是在2001年"9·11"事件之后,美国的霸权主义战略特征日益显著,从反恐战争到伊拉克战争,从北约东扩到颜色革命,从挤压俄罗斯国际活动空间到遏制中国和平发展,无不显示出其固有的冷战思维,这就对世界和平与发展形成了巨大的挑战。同时,在全球化浪潮的席卷之下,南北差距日益拉大。不到世界总数1/3的国家,却拥有世界2/3以上国内生产总值的份额,这就对世界的和谐健康发展构成了不可忽视的负面影响。

和平、发展、合作成为新世纪的主题,全球范围内的多极化渐趋成型,美国的霸权主义正受到越来越多的制约。代表正义的和平力量在走向强大,原本经济落后的非洲和拉美地区的经济,也呈现出经济不断增长的势头，贫困现象处于缓解之中。权力分配平衡、保障发展中国家利益的全球化体系成为 21 世纪全球的主题。赞同多边主义和参与国际机制，已被确立为多数国家对外战略的明智选择。在当时的国际交往中，化解矛盾的方式方法已发生了极大的变化，国际关系中即使有对立，但随着共同利益的增加，以对话方式来解决问题也已成为主流。所以，国际社会的状态特别是利益关系既有共同性又有差异性。可见，对话与合作已成为处理国际间事务的理想选择，如果要开展对话和合作，那就无法避开多边主义，就需要形成更富效率的国际机制。和谐世界理念，正是回应了全球合作时代的要求，具有极强的针对性，对于争取和调动各种外部积极因素，全力争取世界的和平与稳定是十分有利的。

我国综合实力不断增强，是和谐世界理念产生的国内背景。改革开放以后，我国发生了翻天覆地的变化，综合国力全面提升，2008 年的国内生产总值已超越德国，位居世界第三。截至 2009 年 6 月末，我国的国家外汇储备余额达到创纪录的 21316 亿美元，稳居世界第一。中国已成为具有世界影响力的大国，其不断发展将对全球局势进一步产生影响。以前，中国总是以旁观者的姿态站在世界舞台上。后来，则更多地以参与国际规则制定的身份出现在世界舞台上，成为名副其实的重要利益相关者。当时国际秩序的制度性框架主要是以联合国、世界银行、世界贸易组织等为代表的国际组织制定的，具备一定的现实合理性。中国已经认识到自身与现行国际秩序的密切关系，因此积极融入国际秩序。当然，这一改变不是完全放弃自己的价值观，而是作为负责任的一分子，按照当前的国

第三章
中国共产党对亲仁善邻的认识与实践

际规则去逐步变更国际秩序，合理参与国际事务。为建立国际政治经济新秩序的目标而努力。鉴于上述情况，中国如果没有与此相适应的外交政策，就会有损中国的国际声誉。对此，胡锦涛在联合国成立60周年首脑会议上提出，"中华民族是热爱和平的民族。中国的发展不会妨碍任何人，也不会威胁任何人，只会有利于世界的和平稳定、共同繁荣"，同时，对支持发展中国家作出五大承诺。中国以负责任的国际形象在发展自己的同时，为发展世界作出积极贡献。中国作为积极的倡导者，必须加强与之相适应的理论体系建设，和谐世界理念符合中国的国际形象，推动世界和谐发展。

世界文明的多样化发展，是和谐世界产生的文化背景。胡锦涛在联合国成立60周年首脑会议上指出："文明多样性是人类社会的基本特征，也是人类文明进步的重要动力。在人类历史上，各种文明都以自己的方式为人类文明进步作出积极贡献。存在差异，各种文明才能相互借鉴，共同提高；强求一律，只能导致人类文明失去动力、僵化衰落。各种文明有历史长短之分，无高低优劣之别。历史文化、社会制度和发展道路的差异不应该成为各国交流的障碍，更不应该成为相互对抗的理由。"世界既是丰富多彩的，也是动荡不安的，同时反映不同国家之间的矛盾冲突，怎样处理不同文明之间的关系成为确定国际战略的重要问题。中国是近代以来唯一的从所谓的西方体系之外冉冉升起的大国，其余所谓大国，都来源于或嫁接了西方文明。可以说，近代以来，除中国以外，未有非西方体系的国家能跻身于世界大国行列。世界范围内的动荡，从某种程度上看，是源于不同文化的国家之间的利益冲突。中国的发展，肯定会遇到如何与不同文明、不同文化之间和谐相处的问题，而各种文化的相互结合正呈现出日益明显的倾向。从近代起，中华优秀传统文化一直注重吸收西方文化中的精华为我所用。面对复杂的国际局势，在全球化水平日益提高的新形势下，中国坚定走促进世界和谐发展之路，这就凸显出建设和谐世界的重要意义。

从和谐世界的本质特征出发，和谐世界理念的主要内容有国际秩序的和谐、多种力量的和谐、不同文明的和谐与生态环境的和谐。和谐世界理念是要追求国际秩序的和谐。国际秩序既包括一国之内不同地区之间的秩序，也包括世界各国、各地区间的秩序。胡锦涛指出："各国政府和人民应该共同承担起维护世界和平、促进共同发展的历史使命，积极推动建立公正合理的国际政治经济新秩序。"可见，和谐世界的建设是包括中国在内的世界各国的共同奋斗目标。

和谐世界理念是追求多种力量的和谐。多极世界与单极世界之间普遍存在矛盾，要实现大国与小国的和平共处，达到多种力量的和谐，就要努力实现大国与小国的协调发展，同时达到国家与非国家行为体相互之间、非国家行为体相互之间的共赢。追求不同力量的和谐发展，就要让发展中国家在经济、政治、文化等多方面的权利真正得到体现，并且要建立全方位治理机制，发挥个人、国家、非国家行为体等方方面面的作用，促进和谐世界的思想能够真正实现。

和谐世界的理念是追求不同文明的和谐。文明的多样性，加上全球化的影响，不同国家之间的文化和价值观会发生摩擦，成为世人十分关注的问题。"和而不同"是中国古代思想家提出的思想，是

第三章
中国共产党对亲仁善邻的认识与实践

指和谐而又不千篇一律，不同而又不相互产生冲突，相互之间和谐共处。中国提出的和谐世界理念，就是提倡用"和而不同"的观点去处理国际问题，承认世界各国文明之间存在差异，尊重相互之间的领土完整与宗教信仰，认可世界各国富有本国特色的文化传统，并由此采用不同的社会制度和发展形式。唯有如此，各国之间、各民族之间才能融洽相处。

和谐世界理念是追求生态环境的和谐。生态环境是人类生存与发展的基础，人与自然的和谐相处是人类文明延续的重要条件。全球生态问题日益严峻，出现了水资源短缺、沙漠面积扩大、森林资源锐减、水土流失、海洋污染等触目惊心的现象，如果再不重视生态环境的和谐发展，地球的未来将无以为继。只有在全球范围内实现人与自然之间的和谐，人类文明才能持续发展。因此，在人与自然的和谐上，和谐世界理念强调人类要保护好生态环境，以实现可持续发展。

和平是国家生存和发展的基础。和谐世界理念主张奉行多边主义，认为世界上的任何一个国家，都要携手同心，共同应对全球安全威胁。一是要消除冷战思维，建立互信互利、平等合作的安全体系，以防止各类冲突和战争，维护世界和平。二是要尊重联合国的核心地位。联合国在国际安全合作中起到了举足轻重的作用。因此，联合国的作用只能强化，而不能减弱。联合国宪章对维护世界安全，起到了无可辩驳的作用，已成为公认的国际关系基本准则，应当得到严格实施。安理会作为联合国维护世界和平的主体机构，具有维护世界和平的权威性。三是要以和平方式，运用协商谈判手段解决国际争端，要坚决反对干涉别国内政，甚至以武力相威胁或使用武力。四是加深反恐合作，坚持消除恐怖主义产生的根源，努力加强有效裁军和军备控制，防止核扩散，实现全球战略稳定。

发展不仅关系到各国人民的切身利益，也关系到如何降低全球安全的风险。随着全球化趋势的加速发展，世界各国的利益彼此交集在一起，和谐世界理念主张让各国，尤其是发展中国家从全球化中受益，而避免出现两极分化。全力推进建设开放、公平的多边体制，健全国际金融体制，为各国经济发展创造良好的贸易环境和金融环境。重视能源建设，保持能源市场稳定，为经济增长创造良好的能源环境。西方发达国家有责任为全球平等协调发展承担起应负的责任，增强对发展中国家的援助力度。发展中国家则要发挥自身优势，加快自身发展，促进社会全面进步。中国作为最大的发展中国家，理应为促进世界各国间的共同繁荣作出自己的贡献。

在人类历史上，各种文明都以独特的魅力为人类的文明进步作出不可磨灭的贡献。只有在存在差异的前提下，各种文明才能取长补短、共同提高，各种类型的文明彼此之间的差异不应成为相互交流的阻碍，更不能成为对抗的理由。和谐世界理念主张尊重各国选择符合自身特色发展道路的权利，促进各国根据本国国情实现各方面的良性发展；加强不同文明之间的交流，在竞争中寻求共同发展，全力消除各种疑虑和猜忌，使世界更为丰富多彩；以和谐共荣的精神维护文明的多元性，促进国际关系的民主化进程，建设各种文明兼容并存的美好世界。

联合国宪章的各项宗旨和原则，不仅符合国际关系良性发展的

第三章
中国共产党对亲仁善邻的认识与实践

根本要求,而且与世界各国人民的根本利益也是一致的。但是,联合国自身也需要通过必要的改革,维护权威,提升效率,更好地发挥作用,增强新形势下应对危机和挑战的能力。和谐世界理念主张,对联合国进行改革应是多方位的,要采取循序渐进的方式,推进改革多出成果。改革要注重加大对联合国的投入,维护联合国宪章的宗旨和原则,维护各会员国的团结。支持实施安理会改革,增加发展中国家在安理会的代表性,让更多中小国家参与安理会决策之中。实施联合国改革,要致力于建立国际政治经济的新秩序,消除发达国家和发展中国家之间在各方面的巨大差距,建立起一座联结发达国家和发展中国家的桥梁,达到世界各国之间的和谐相处。

五、对外关系实践

(一)中美关系

1972年2月,美国总统尼克松应国务院总理周恩来的邀请访华,中美交往的大门重新打开。但由于美国在台湾地区问题上不肯放弃承认台湾的立场,致使两国正式建交迟迟未能实现。经过反复交涉,直至1979年1月1日,中美正式建立大使级外交关系,美国宣布断绝同台湾的所谓"外交关系"。

1979年1月,应美国总统卡特邀请,中国领导人邓小平访美,揭开了中美关系史的新篇章。中美双方签署了科技合作协定、文化协定,以及建立领事关系和互设总领馆的协议。邓小平与美国各界

读懂亲仁善邻

人士进行了广泛接触，表达了希望中美两国人民友好下去的愿望。①然而，在中美建交后，美国依然同台湾地区继续保持商务、文化及其他关系，变相地保持美台共同防御条约的条款，并坚持向台湾地区当局出售武器，导致中美关系紧张。中国政府对此表示强烈抗议并进行不断的谈判斗争。1982年，中美就美售台武器问题达成协议，发表"八一七公报"，但并未能阻挡美国不断提高售台武器的性能和数量。可以说，1983年以后的中美关系尽管仍然是矛盾和合作相交织，但双方在政治、经济、科技、军事、文化等方面的交流和联系不断发展，其中，高层互访就是中美两国加深对话的重要体现。中美高层互访不仅加强了双方的了解，还签订了诸多协定，涉及经济、科技、军事、文化、教育等诸多方面，促进了两国关系的发展。②

坚持中美关系的正确方向，牢牢把握和精心维护共同努力建设21世纪积极合作全面的中美关系这一目标，这是关系两国乃至世界发展的重大抉择。为推动中美关系持续健康发展，中国领导人和美国领导人进行了一系列坦诚的会见会谈。2002年10月22日至25日，应美国总统布什邀请，江泽民对美国进行工作访问。双方就中美关系和重大的国际及地区问题深入地交换了意见，达成了广泛而重要的共识。胡锦涛曾专程赴美访问，也曾赴美出席联合国成立60周年首脑会议、国际核安全峰会、联合国气候变化峰会和二十国集团峰会。2011年1月18日至21日，应美方邀请，胡锦涛对美国进

---

① 耿向东：《图解中国外交》，人民出版社2011年版，第114页。
② 耿向东：《图解中国外交》，人民出版社2011年版，第124页。

第三章
中国共产党对亲仁善邻的认识与实践

行国事访问。中美两国元首进行了坦诚务实的深入沟通，全面规划了之后一个时期中美关系发展的重点方向和深化合作的重点领域。

中美两国是具有世界影响的大国，对维护世界和平、安全与稳定，促进全球的发展与繁荣，负有重大责任。搞好中美关系符合中美两国人民的根本利益，也是世界人民的愿望。中美两国合作则两利，对立则俱伤。中美在一些问题上的分歧，双方完全可以在相互尊重、互不干涉内政的基础上，通过平等协商加以解决。一时解决不了的，可以求同存异，而不应让它们干扰两国关系发展的大局。

（二）中苏（俄）关系

20 世纪 70 年代末至 80 年代初，中苏关系出现了改善的迹象。从 1982 年 10 月到 1988 年 6 月，中苏两国政府特使共围绕妨碍中苏关系的"三大障碍"——停止侵略阿富汗、停止支持越南侵略柬埔寨、裁减并撤除部署在中苏和中蒙边境的百万驻军——进行了十二轮磋商。"三大障碍"实质上是苏联对中国进行的战略包围，涉及中国的国家安全，但苏方以涉及第三国利益为由，拒绝讨论。直到 1986 年 4 月第八轮政治协商结束，双方在"三大障碍"问题上仍没有进展。戈尔巴乔夫出任苏共总书记后，中苏关系才出现转折。自 1987 年到 1989 年，苏联逐步撤军，"三大障碍"基本被排除。[1] 1989 年 5 月，戈尔巴乔夫对中国进行正式访问，并与邓小平进行高级会晤。在此次高级会晤中，邓小平提到以"结束过去、开辟未来"为指导思想来解决中苏之间的"历史遗留问题"，实现中苏

---

[1] 耿向东：《图解中国外交》，人民出版社 2011 年版，第 126 页。

两党、两国关系正常化的意见。根据中苏两党、两国最高领导人北京高级会晤中达成的有关共识,在戈尔巴乔夫结束对中国访问之后,中苏两国共同发表了《中苏联合公报》,作为此后两国"在互相尊重主权和领土完整、互不侵犯、互不干涉内政、平等互利、和平共处的国与国之间关系的普遍原则基础上发展相互关系"的具有双边约束力的政治指导文件。

苏联解体后,1991年12月27日,中俄两国签署《会谈纪要》,确认俄继承苏联与中国的外交关系。中俄两国互为最大的邻邦,两国政治经济关系的发展对全球国际关系体系的稳定具有重要的意义。江泽民高度重视发展与俄罗斯的关系,中俄关系在江泽民的对外关系框架中占有举足轻重的地位。"中国政府十分重视发展同俄罗斯的睦邻友好关系,这是我国对外关系的重要方面……中俄两国正致力于建立和发展平等信任、面向二十一世纪的战略协作伙伴关系,这是一种新型的国家关系……它有利于维护本地区和世界的和平与安全,完全符合世界局势与国际关系发展的潮流和需要。"[①]冷战结束后,中俄两国关系通过几次最高领导人的互访,取得了很大的进展。中俄在维护各自主权、独立和领土完整方面相互支持,在国际事务中的战略协作富有成效,经贸关系迅速发展。1992年12月,俄罗斯总统叶利钦应邀访华,双方签署"相互关系基础"的联合声明,推动了20世纪90年代中俄关系的发展。1994年9月,江泽民访俄,签署了"关于不将本国战略核武器瞄准对方"的联合声明,

---

① 《江泽民论有中国特色社会主义(专题摘编)》,中央文献出版社2002年版,第563—564页。

第三章
中国共产党对亲仁善邻的认识与实践

确认两国已具有"新型的建设性伙伴关系"。1995年5月,江泽民出席了在莫斯科举行的纪念反法西斯战争胜利五十周年庆典。1996年4月,叶利钦总统再次访华,双方认为,建立战略协作伙伴关系是历史性的选择。2000年7月,俄罗斯新任总统普京访华,双方发表《中俄北京宣言》。普京总统继续俄罗斯对华友好的政策,并进一步推进了中俄关系的发展。2001年7月,江泽民访俄,双方签署了《中俄睦邻友好合作条约》,使两国关系向更具预见性、更具实质性内容的方向迈出了一大步。

中俄积极探索互利合作途径,不断扩大双边经贸合作规模,提高合作质量和水平。两国人文交流蓬勃发展,两国人民之间的了解与友谊不断加深,世代友好理念深入人心。中俄分别于2006年和2007年、2009年和2010年互办国家年、语言年、旅游年。2009年6月,胡锦涛在中俄建交60周年庆祝大会上发表题为《共创中俄关系美好未来》的讲话。胡锦涛指出,中俄关系60年的发展历程给我们留下了许多重要而深刻的启示:只有相互信任、坦诚相待,才能不断深化两国政治关系;只有相互尊重、平等互利,才能在合作中获得最大收益,实现共同发展繁荣;只有相互理解、相互支持,在涉及对方核心利益的问题上互为支撑,才能有效维护各自根本利益;只有求同存异、友好协商,才能保证两国关系长期健康稳定发展。

(三)中日关系

日本是我国一衣带水的近邻。1972年9月29日,双方签署发表《中华人民共和国政府和日本国政府联合声明》,实现邦交正常化。中日关系正常化以后，两国就缔结和平友好条约进行了长时间的谈判。谈判中，是否加入反霸条款是双方争论的焦点，最终双方达成一致，加入了反霸权的内容，申明"任何一方都不应该在亚洲和太平洋地区或其他任何地区谋求霸权，并反对任何其他国家或国家集团建立这种霸权而努力"。1978年10月，邓小平前往日本参加《中日和平友好条约》交换批准书仪式。这是中日建交后也是战后第一位中国国家领导人访问日本。《中日和平友好条约》签订后至20世纪90年代中期，中日两国关系进入"蜜月期"。80年代，两国高层领导人每年都有互访，且每次只隔半年左右。1979年，日本开始向中国提供长期低息贷款，这是改革开放以后中国第一次接受外国政府的长期低息贷款。此外，为增进中日青年的相互了解，双方设立"中日友好21世纪委员会"，其任务是根据中日联合声明和《中日和平友好条约》的原则，研究中日关系长期稳定发展的途径，并就中日面临的诸多问题，向两国政府提出有益的建议。委员会成员包括政界、学界、经济界人士，还体现了老、中、青三代的特点，具有广泛的代表性。①

在中日联合声明和和平友好条约的基础上，发展同日本长期稳定的睦邻友好关系，对我国维护周边和平与稳定至关重要。江泽民指出："中国和日本是亚洲也是世界上的两个重要国家。两国建立长期稳定的友好合作关系，既有地理上的优势，又有历史上的渊源，不仅符合两国人民的心愿和根本利益，而且有利于亚洲和世界的和

---

① 耿向东：《图解中国外交》，人民出版社2011年版，第128页。

第三章
中国共产党对亲仁善邻的认识与实践

平与发展的崇高事业。"① 江泽民 1998 年对日进行国事访问时，双方发表《关于建立致力于和平与发展的友好合作伙伴关系的联合宣言》，宣布两国建立致力于和平与发展的友好合作伙伴关系。日方在宣言中首次以书面形式承认过去对中国的侵略，并在会谈中首次就侵华战争向中国人民道歉。中日经贸交往持续增长，民间友好不断发展。2008 年 5 月 6 日至 10 日，应日本国政府邀请，胡锦涛对日本国进行国事访问。访问期间，胡锦涛会见了明仁天皇，并同福田康夫内阁总理大臣举行会谈，就全面推进战略互惠关系达成广泛共识，签署了《中日关于全面推进战略互惠关系的联合声明》。这份文件在继承已有 3 个政治文件原则的基础上，根据中日关系的新发展，确定了两国关系长远发展的指导原则，规划了两国关系的未来发展，成为中日之间第 4 份重要政治文件。这对于巩固中日关系的政治基础，增进中日两国的战略互信，构筑两国关系长期健康稳定发展的总体框架，全面深化中日战略互惠关系，具有重大的现实意义和深远的历史意义。双方还发表了《中日两国政府关于加强交流与合作的联合新闻公报》，涵盖了两国 70 项具体合作项目。

中日友好和互利合作不仅关系到两国的发展和利益，也关系到亚洲乃至世界的和平稳定与发展繁荣。中日双方必须从战略高度和长远角度来审视和把握两国关系，坚持和平共处、世代友好、互利合作、共同发展的大目标，坚定不移地推动中日关系长期健康稳定向前发展。

---

① 《江泽民论有中国特色社会主义（专题摘编）》，中央文献出版社 2002 年版，第 566 页。

（四）中印关系

印度是中国的邻邦，两国有着传统的友谊，也有过冲突。印度是南亚地区大国，其经济、军事实力都在较快地发展。中印关系直接影响中国的周边安全环境和战略环境。

1962年中印发生边界军事冲突以后，双边关系极为冷淡。1976年两国恢复互派大使后，关系有所缓和。改革开放以后，中国开始重视改善与印度的关系。1980年5月，在参加南斯拉夫总统铁托葬礼期间，中印两国总理在贝尔格莱德举行会晤，双方表示要改善关系。1981年6月，黄华副总理兼外长访问印度，这是1960年以来第一位中国领导人访印。同年12月，中印就边界问题举行首轮会谈，至1987年11月，双方先后举行了八轮会谈。会谈中，中方提出解决边界问题的五点原则，即平等相待、友好协商、互谅互让、公平合理、全面解决。1985年10月，中印两国总理在联大召开期间举行会晤，再度表示要改善两国关系。此后，两国通过访问，传递了在和平共处五项原则基础上发展睦邻友好关系的愿望。

1988年12月，印度总理拉吉夫·甘地应邀访华。这是1954年以后印度总理首度访华。中方高度重视拉吉夫·甘地的访问，邓小平、杨尚昆、李鹏等中国领导人先后与其会见。双方一致认为，在和平共处五项原则基础上恢复、改善和发展中印睦邻友好关系是双方的共同愿望；双方同意通过友好和平方式协商解决边界问题，在边界问题解决之前，共同维护实际控制线两侧地区的和平与安宁。这次

第三章
中国共产党对亲仁善邻的认识与实践

访问使中印关系揭开了新的一页。①

发展对印关系是21世纪中国外交战略的重要一环。1996年，江泽民访问印度、巴基斯坦、尼泊尔三国，首次全面阐述发展与南亚国家关系的五点主张：一、扩大交往，加深传统友谊；二、相互尊重，世代睦邻友好；三、互利互惠，促进共同发展；四、求同存异，妥善处理分歧；五、团结合作，共创美好未来。②这把中国同南亚国家的睦邻友好关系推上一个新的高度。2003年6月，印度总理瓦杰帕伊对中国进行正式访问，双方签署《中印关系原则和全面合作的宣言》。2006年11月，胡锦涛对印度进行国事访问，双方发表《联合宣言》，制定深化两国战略合作伙伴关系的"十项战略"。在政治、经贸、人文等领域的交流合作全面拓展，富有成果，在国际和地区事务中相互协调，密切合作。2010年是中印建交60周年。5月，印度总统帕蒂尔来华进行国事访问。12月，温家宝访印，两国签署《中华人民共和国和印度共和国联合公报》。

作为世界上两个最大的发展中国家，中印都肩负着确保两国经济社会全面协调可持续发展，推动亚洲和世界和平与发展的重要历史责任。中印战略合作伙伴关系的发展符合两国和两国人民的根本利益，也促进了本地区及世界的和平、稳定与发展。中印睦邻友好、携手合作、共同发展，不仅造福两国人民，而且有利于促进亚洲乃至世界的和平与发展。

---

① 耿向东：《图解中国外交》，人民出版社2011年版，第132页。
② 《江泽民论有中国特色社会主义（专题摘编）》，中央文献出版社2002年版，第553—554页。

（五）与东盟国家的关系

东盟国家是中国的近邻，对中国具有重要战略意义。20世纪80年代，同东盟国家建立和发展长期稳定的睦邻友好关系，成为中国外交政策的一项重要目标。1988年11月，李鹏访问泰国时，宣布中国政府建立、恢复和发展同东盟国家关系的四项原则：严格遵循和平共处五项原则；坚持反对霸权主义的原则；经济上平等互利与共同发展的原则；在国际事务中，遵循独立自主、互相尊重、密切合作、相互支持的原则。中国政府对东盟国家的尊重和反对霸权主义的立场，得到东盟国家的欢迎，为中国与东盟国家关系的全面发展奠定了基础。这个时期，中国与东盟国家来往频繁，经贸关系快速增长，文化交流不断发展，从而为自身营造了安全稳定的南部周边环境。

长期以来，中国与东南亚各国共产党的关系和华人、华侨问题，是双方关系中的阻碍。东南亚国家由于惧怕共产主义和中国作为大国的影响力，对中国敬而远之。1982年，中共十二大正式提出处理党际关系的四项原则，强调按照独立自主、完全平等、互相尊重、互不干涉内部事务的原则，发展同各国共产党的关系。东盟各国领导人对此表示理解和信任。同时，泰国、缅甸、马来西亚等国政府与本国共产党进行和平谈判，解决了国内冲突。这些国家国内局势的稳定使其消除了对中国的疑虑。在华人和华侨问题上，中国阐述了其一贯政策，即不承认中国公民具有双重国籍，鼓励华侨加入住在国国籍。由此，中国与大多数东南亚国家在华人、华侨问题上的

第三章
中国共产党对亲仁善邻的认识与实践

矛盾得到了消除。①

1990年7月,印尼外长阿拉塔斯访华,双方签署联合新闻公报,宣布自当年8月8日起实现关系正常化。之后,两国领导人实现互访,增强了多方面的合作。中国积极与新加坡进行建交谈判,并于1990年10月3日正式建交。1991年中国与文莱正式建交。东帝汶通过全民公决脱离印尼,后于2002年5月20日宣告独立,中国当日即与其建交。至此,中国与所有东南亚国家建立了正式的外交关系。

在同印尼复交,同新加坡、文莱建交以后,中国与东盟十国的关系逐步改善和全面发展,从"全面对话国""联合委员会"一直到"10+1"定期会晤机制的建立,中国与东盟十国之间的战略伙伴关系发展到了一个新的高度。1991年,中国与东盟开启对话进程。中国于1996年成为东盟全面对话伙伴。1997年底,江泽民与东盟九国领导人举行首次非正式会晤,双方发表联合声明,确定建立面向21世纪的睦邻互信伙伴关系。2003年,作为东盟对话伙伴,中国率先加入《东南亚友好合作条约》,与东盟建立了面向和平与繁荣的战略伙伴关系。2011年是中国—东盟建立对话关系20周年,双方举行了纪念峰会和纪念招待会等一系列交流活动。

经济全球化和区域一体化深入发展,巩固和发展中国—东盟战略伙伴关系,是双方共同的战略选择。中国坚定不移地支持东盟欠发达国家加速实现发展目标,坚定不移地支持东盟共同体建设,坚定不移地支持东盟在东亚合作中的主导地位。无论国际风云如何变

---

① 耿向东:《图解中国外交》,人民出版社2011年版,第130页。

幻，中国都将坚定不移地走和平发展道路，坚定不移地奉行"与邻为善、以邻为伴"的周边外交方针，永远做东盟的好兄弟、好邻居、好朋友、好伙伴。在中国—东盟的共同努力下，双方政治互信明显增强，经贸合作成效显著，其他领域的合作不断拓展和深化，取得了丰硕成果。

（六）与其他周边国家的关系

中国与周边国家山水相连，人文相通，利益相融，命运与共。双方逾千年的友好交往历史就是一部生动的文明交流互鉴史，充分展示了"贯四时而不衰，历夷险而益固"的友好情谊。"与邻为善、以邻为伴"，这是对中国周边外交实践的经典概括，具有重大的全局意义。众多周边国家历史传统的丰富性，文化和宗教信仰的多样性，社会制度和发展水平的差异性，决定了中国周边关系具有特殊的复杂性，决定了中国周边外交的特殊重要性。

在政治上，周边是中国维护主权权益、发挥国际作用的首要依托；在经济上，周边是中国对外开放、开展互利合作的重要伙伴；在安全上，周边是中国维护社会稳定、民族和睦的直接外部条件。"与邻为善、以邻为伴"政策，是中国顺应新潮流，应对新挑战，为自己争取良好外部发展环境、促进地区安宁繁荣的必然选择。

中国与朝鲜的传统友好关系不断巩固、发展；与韩国"全面合作伙伴关系"不断深化；与巴基斯坦继续保持和发展全天候友谊，开展全方位合作；与尼泊尔、不丹、孟加拉国、斯里兰卡、蒙古国等近邻关系保持着良好的发展势头；以积极的姿态参与阿富汗的重建，恢复发展了中阿传统友谊……

2005年，中、菲、越三国的三家石油公司签署《在南中国海协议区三方联合海洋地震工作协议》。由此，"搁置争议、共同开发"进入实践阶段。这不仅为和平解决南海问题开拓了道路，也为世界其他地区有关国家解决类似问题提供了借鉴。

中国经济的持续稳定快速发展，既得益于与周边国家的密切合作，也为周边地区带来了新的机遇。中国及其周边地区是世界上最富有发展活力和潜力的经济板块，已经是举世公认的事实。中国还向周边国家提供力所能及的援助。中国已向柬埔寨、缅甸和孟加拉国等国推出"亚洲减债计划"；在大湄公河次区域经济合作中，给予了资金、技术和市场等方面的全力支持。

中国努力争取和平的国际环境和良好的周边环境，中国的周边外交政策为国际社会探索建立摒弃冷战思维的新型国家关系作出开创性贡献。言必信，行必果。中国以自己的行动，树立起了"与邻为善、以邻为伴"的良好形象。

六、外交工作重要成就

改革开放使当代中国同世界的关系发生了历史性变化，也使中国外交进入崭新的历史时期。在党中央坚强有力的领导下，我们顺应形势，开拓进取，把握机遇，化解挑战，中国国际地位显著提高，国际影响日益扩大，与世界各国友好合作关系全面发展，外交工作取得重要成就。

（一）20世纪70年代末到80年代末的中国外交

20世纪70年代末到80年代末，东西方"冷战"逐步接近尾声，世界多极化趋势日益发展。邓小平高瞻远瞩，抓住机遇，及时作出一系列重大战略调整，打开了我国外交工作的新局面。

一是科学判断形势，从根本上调整外交战略。邓小平对国际形势和时代主题作出新的科学判断，指出和平与发展是当今世界两大问题，世界大战并非不可避免和迫在眉睫。这为我们集中精力搞经济建设提供了重要依据，也为对外政策的一系列重大调整提供了条件。

二是提出独立自主和不结盟，改善和发展同各主要大国的关系。调整联合一切力量制衡苏联的"一条线"战略，不与任何大国或国家集团结盟，不以意识形态定亲疏。1979年1月，中美正式建交，两国各领域交流与合作稳步发展。逐步缓和同苏联的关系，于1989年5月实现了中苏关系正常化。同日本、西欧及东欧国家的务实合作有了长足发展。

三是妥善处理同邻国的历史遗留问题，促进与周边国家关系的改善和发展。调整对东南亚国家的政策，注意严格区分党际关系与国家关系，使我国同东南亚国家的双边关系有了很大改善。提出解决中印边界问题的五点方针，同印度恢复高级互访和边界谈判。

四是推动同广大发展中国家的务实合作。提出"平等互利、讲求实效、形式多样、共同发展"经济合作四原则，开展形式多样的经济合作，使我国与发展中国家关系有了更深厚的经济基础。

五是在国际和地区事务中发挥作用，扩大国际影响。积极参与柬埔寨问题的政治解决进程，为缓和东南亚地区紧张局势发挥了重要作用；为阿富汗问题的解决作出了贡献。

六是创造性地提出"一国两制"构想，推进祖国统一大业。1982年，邓小平同志提出按"一国两制"原则收回香港。经过艰苦谈判，中国政府于1984年12月和1987年4月，分别与英国和葡萄牙政府就我国对香港、澳门恢复行使主权签署联合声明。

（二）20世纪80年代末到21世纪初的中国外交

20世纪80年代末，世界进入新旧格局交替时期。以江泽民同志为主要代表的中国共产党人，创造性地继承和发展邓小平外交思想，我国外交工作取得新的成就。

一是坚持原则性和灵活性相结合，顶住国际压力，打破西方"制裁"。1989年春夏之交我国发生政治风波后，西方国家对我国采取"制裁"措施，我国坚持原则、顶住压力、多做工作。1989年底，日本率先恢复对华政府援助。从1990年底起，我国同西欧国家逐步恢复高层互访。1993年，江泽民与美国总统克林顿会晤，结束了1989年6月以来中美没有元首会晤的不正常局面。

二是推动同各大国建立面向21世纪的新型合作关系，构筑有利的大国关系框架。1996年，中俄建立战略协作伙伴关系。2001年，中俄签署《睦邻友好合作条约》，将"世代友好"的和平思想用法律形式固定下来。1997年，中美决定共同致力于建立建设性战略伙伴关系，表明两国愿共同积极寻求发展一种长期稳定的、合作性而非对抗性的关系。1998年，中国与欧盟建立建设性伙伴关系，与日本建立友好合作伙伴关系。

三是发展睦邻友好,营造有利的周边环境。继与印尼复交、与新加坡和文莱建交、与越南和老挝关系正常化后,1997年中国与东盟确定建立睦邻互信伙伴关系。在与朝鲜保持传统友好关系的同时,实现同韩国关系正常化。在中亚继与中亚五国建交后,又与俄罗斯共同推动成立上海合作组织。我国还与绝大多数陆上邻国解决了边界问题。

四是加强同发展中国家的团结与合作。2000年,中国和非洲国家共同倡议成立"中非合作论坛"。我国同不结盟运动、77国集团等发展中国家组织加强了联系和协调。

五是广泛参与国际事务,维护世界和平,促进共同发展。全面参与多边外交各领域的活动,并开始积极参加联合国维和行动。2000年9月,江泽民参加联合国千年首脑会议,倡议举行安理会五个常任理事国领导人首次会晤。我国成功承办2001年亚太经合组织领导人非正式会议。

六是捍卫国家主权、领土完整和民族尊严,推进祖国统一大业。恢复对香港、澳门行使主权。多次挫败台湾当局"重返联合国"图谋,挫败世界卫生大会涉台提案。在联合国人权委员会上多次挫败西方国家的反华提案。妥善处理了我国驻南斯拉夫使馆遭袭和我国军机被撞事件。

(三)21世纪初的中国外交

进入21世纪,国际形势处于深刻演变之中。以胡锦涛同志为主要代表的中国共产党人冷静分析国内外形势,紧紧抓住战略机遇期,高举和平、发展、合作的旗帜,我国对外工作取得新的重大进展。

第三章
中国共产党对亲仁善邻的认识与实践

一是与主要大国关系稳定发展。中俄两国战略协作伙伴关系全面深入快速发展，进入历史最好时期。中美同意全面推进21世纪建设性合作关系。我国同欧盟及其主要成员国建立了全面战略伙伴关系。2008年5月，胡锦涛对日本成功进行"暖春"之旅，开创中日战略互惠关系新局面。我国同各主要大国启动战略对话磋商机制。

二是同周边国家睦邻友好合作关系进一步扩大和深化。我国同印度、印尼等国建立不同形式的战略伙伴关系，同哈萨克斯坦等国签订友好合作条约。推动上海合作组织成员国缔结长期睦邻友好合作条约，上合组织进入全面务实合作阶段。我国作为首个非东盟国家加入《东南亚友好合作条约》，东盟—中国（10+1）、东盟—中日韩（10+3）合作成果显著。推动南海、东海共同开发迈出新步伐。

三是同发展中国家的团结合作取得重要进展。2006年，我国成功主办"中非合作论坛"北京峰会，这是新中国外交史上主办的规模最大、领导人出席最多的国际会议，对巩固和发展我国与非洲国家的友好关系具有重大意义。2004年成立"中阿合作论坛"。同拉美、加勒比和南太平洋地区国家互利合作不断深化。加强了同巴西、南非、墨西哥等发展中大国的协调与合作，中俄印、中俄印巴（西）"金砖四国"等合作机制日益充实、完善。

四是多边外交丰富多彩，更加活跃。在联合国、八国集团同发展中国家领导人对话会（G8+5）等多边舞台上，胡锦涛等党和国家领导人积极开展高层外交，宣示我重大理念及主张，拓展与各方关系，维护我利益与形象。我国推动形成朝鲜半岛核问题六方会谈机制，为推动朝核问题和平解决发挥了重要独特作用。积极参与解决全球性和地区热点问题,发挥负责任大国作用,向22项联合国维和行动派出维和人员两万人次。

五是积极开展安全外交。全力维护国家主权安全。在国际上与"台独""藏独""东突"等分裂活动进行坚决有效斗争。严防和遏制"法轮功"等境外敌对势力的分裂干扰活动。大力倡导互信、互利、平等、协作的新安全观,积极开展和深化反恐等非传统安全领域的国际合作。

六是全面开展经济外交。利用高层互访和国际多边峰会等重大外交活动,促成一批重大合作项目。大力推动区域和双边自由贸易区合作。提出新能源安全观,积极开展能源资源外交。为我国企业"走出去"提供服务。

七是努力开展公共外交和文化外交。党和国家领导人深入阐述我国和平发展道路、科学发展观等治国理念和内外方针,努力增进各国民众对我内外政策的了解和支持。主办"文化年""文化节"等对外文化活动,建立"孔子学院"和海外文化中心。以筹办北京奥运会、上海世博会等重大活动为契机,大力开展多层次多领域的公共外交活动,增进了国外公众对中国的了解和友好感情。我国和平、民主、文明、进步的国家形象进一步树立。

八是坚持以人为本、外交为民。切实维护我国公民和法人在国外的合法权益。建立境外中国公民和机构安全问题部际联席会议制度,建立健全海外安全风险评估和防范预警机制。成功实施多起从动乱国家大规模撤侨行动,妥善处置我人员海外遇袭事件。设立外交部领事保护中心,不断加强领事保护的机制建设。

「04」 第四章

新时代新征程继续践行
亲仁善邻

第四章
新时代新征程继续践行亲仁善邻

在百年未有之大变局的时代背景下，亲仁善邻的价值愈发凸显。在全球化的大潮中，各国紧密联系，相互依存，亲仁善邻提供了一种处理国际关系、促进世界和平与发展的中国智慧。它不仅仅是对过去的传承，更是对未来的期许，指引我们在全球化的大潮中，以更加开放和包容的心态，去构建一个和谐共生的世界。中国特色社会主义进入新时代，在习近平外交思想科学指引下，讲信修睦、亲仁善邻的中国实践令人瞩目。从双边到多边，从区域到全球，中国外交取得丰硕成果；高质量共建"一带一路"，得到世界大多数国家和国际组织积极支持；正确义利观、全球安全观、全球治理观以及新的发展观、文明观、生态观等重大理念在国际上广为传播；全球发展倡议、全球安全倡议、全球文明倡议得到国际社会积极响应。亲仁善邻在新时代焕发更强大的生命力。

第一节　亲仁善邻开新篇

党的十八大以来，以习近平同志为核心的党中央深刻把握新时代中国和世界发展大势，在对外工作上进行一系列重大理论和实践创新，形成了习近平外交思想。习近平外交思想坚持马克思主义立场观点方法，植根深厚的中华优秀传统文化，继承弘扬新中国外交优良传统，丰富发展了中国特色大国外交理论和实践创新成果，形成科学完备、逻辑严密的思想理论体系。习近平外交思想精辟回答了新形势下中国应推动建设什么样的世界、构建什么样的国际关系，需要什么样的外交、怎样办外交等重大问题，提出了一系列富有中国特色、体现时代精神的新理念新主张新倡议，是马克思主义中国化时代化在外交领域的体现和拓展。习近平外交思想是对中华优秀传统文化的创造性转化和创新性发展，不仅给中华优秀传统文化注入全新内涵，而且使新时代中国外交理念闪耀着文明和智慧的光芒。

2013年3月22日，习近平主席在俄罗斯中国旅游年开幕式上的致辞当中，首次引用了"亲仁善邻，国之宝也"。此后，习近平主席在访问周边国家、阐述周边外交理念的时候，多次引用"远亲不如近邻""好邻居金不换""亲望亲好，邻望邻好"等古语俗谚，充分展现了我国开放包容的胸襟和亲仁善邻的情怀。亲仁善邻在新时代得到了继承与发展。

一、把握百年未有之大变局

党的十八大以来，以习近平同志为核心的党中央，以全人类共同视野对"世界怎么了"的时代之问作出"百年未有之大变局"的战略判断。一方面，世界多极化、经济全球化、社会信息化、文化多样化深入发展，和平、发展、合作、共赢的历史潮流不可阻挡；另一方面，世界面临的不稳定性不确定性突出，全球性问题加剧，

第四章
新时代新征程继续践行亲仁善邻

人类处在一个危机交织叠加、风险日益增多的时代。我们生活的世界充满希望也充满挑战，世界又一次站在历史的十字路口。

国际力量对比深刻变化。近几十年来，一大批新兴市场国家和发展中国家走上发展的快车道，正在加速走向现代化，多个发展中心在世界各地区逐渐形成。新兴市场国家和发展中国家群体性崛起，自身实力、自主发展能力、国际影响力不断增强，正在改变全球政治经济版图。同时，发达国家内部矛盾重重、实力相对下降，"东升西降""中治西乱"更加鲜明。这是近代以来国际力量对比中最具革命性的变化。

新一轮科技革命和产业变革深入发展。人工智能、大数据、量子技术、基因工程等前沿科技不断取得突破，催生大量新产业、新业态、新模式，社会生产和消费从工业化向自动化、智能化转变，学科之间、科学和技术之间、自然科学和人文社会科学之间日益呈现交叉融合趋势，科学技术从来没有像今天这样深刻影响着各国前途命运，从来没有像今天这样深刻改变人类社会生产生活方式和思维方式。

国际体系和国际秩序深度调整。数百年来，国际秩序一直是由少数国家或国家集团主导的。随着国际力量对比消长变化和全球性挑战日益增多，第二次世界大战后建立的国际秩序和全球治理体系不适应的地方越来越多，西方发达国家主导的国际政治经济秩序越来越难以为继，发展中国家在国际事务中的代表性和发言权不断扩大。推动全球治理体系朝着更加公正合理方向发展的呼声越来越高，国际关系民主化不可阻挡。

当前,世界之变、时代之变、历史之变正以前所未有的方式展开。世界百年未有之大变局加速演进,世界进入新的动荡变革期。世纪疫情影响深远,局部冲突硝烟又起,冷战思维和集团政治回潮,单边主义保护主义抬头,经济全球化遭遇逆流,世界经济复苏步履维艰,和平赤字、发展赤字、安全赤字、治理赤字有增无减,公共卫生、恐怖主义、气候变化、网络安全等非传统安全威胁持续蔓延,人类社会面临前所未有的挑战。

世界向何处去?和平还是战争?发展还是衰退?开放还是封闭?合作还是对抗?这是摆在我们面前的时代之问。如何回答这些问题,关乎各国利益,关乎人类前途命运。中国共产党传承中华文明"亲仁善邻、协和万邦"的理念,始终胸怀天下、立己达人,以世界眼光关注人类前途命运,从人类发展大潮流、世界变化大格局、中国发展大历史正确认识和处理同外部世界的关系,坚持主持公道、伸张正义,站在历史正确的一边,站在人类进步的一边,同世界各国人民一道,推动历史车轮向着光明的前途前进。中国用亲仁善邻的国家理念与格局,将各国前途命运联系起来,为中国人民谋幸福、为中华民族谋复兴,也为世界谋大同,坚持谋和平、共发展,与各国携手同行,为回应时代之问的中国方案奠定价值基础。

二、构建人类命运共同体

针对国际环境的新变化,习近平总书记深刻把握人类社会发展规律,从中华优秀传统文化中汲取思想智慧,统筹中华民族伟大复

第四章
新时代新征程继续践行亲仁善邻

兴战略全局和世界百年未有之大变局,坚持推动构建人类命运共同体。推动构建人类命运共同体,是当代中国共产党人审视当今世界发展趋势、针对当今世界面临的重大问题提出的重要理念,是应对人类共同挑战建设更加繁荣美好世界的人间正道,也是新时代对外工作的总目标。

人类只有一个地球,各国共处一个世界。习近平总书记指出,这个世界,各国相互联系、相互依存的程度空前加深,人类生活在同一个地球村里,生活在历史和现实交汇的同一个时空里,越来越成为你中有我、我中有你的命运共同体。[1]世界各国要顺应时代发展潮流,作出正确选择,齐心协力应对挑战,开展全球性协作,构建人类命运共同体。随着近代以来资本主义大工业的发展,特别是人类经济社会交往的不断深化,各国相互联系和彼此依存的程度日益加深。马克思、恩格斯指出:"各民族的原始封闭状态由于日益完善的生产方式、交往以及因交往而自然形成的不同民族之间的分工消灭得越是彻底,历史也就越是成为世界历史。"[2]当今世界,经济全球化深入发展,无论近邻还是远交,无论大国还是小国,无论发达国家还是发展中国家,正日益形成利益交融、安危与共的利益共同体和命运共同体。人类交往的世界性比过去任何时候都更深入、更广泛,各国相互联系和彼此依存比过去任何时候都更频繁、更紧密。没有哪个国家能够独自应对人类面临的各种挑战,也没有哪个国家能够退回到自我封闭的孤岛。构建人类命运共同体理念站在聚焦人

---

[1]《习近平谈治国理政》第1卷,外文出版社2018年版,第272页。
[2]《马克思恩格斯选集》第1卷,人民出版社2012年版,第168页。

类历史发展进程的高度，探索当代国际社会共同遵循的价值取向，毫无疑问是对马克思倡导的"真正的共同体"思想的继承和发展。

构建人类命运共同体理念植根于源远流长的中华文化，蕴含着中华优秀传统文化精髓。习近平总书记指出："天下大同、协和万邦是中华民族自古以来对人类社会的美好憧憬，也是构建人类命运共同体理念蕴含的文化渊源。"在五千多年的文明发展中，中华民族一直追求和传承着和平、和睦、和谐的坚定理念，讲仁爱、重民本、守诚信、崇正义、尚和合、求大同构成了中华文明的精神特质。构建人类命运共同体理念吸收了中华优秀传统文化中"天人合一、道法自然"的宇宙观、"世界大同、天下一家"的天下观、"亲仁善邻、协和万邦"的国际观、"以和为贵、和而不同"的文明观、"以义为先、义利并举"的义利观，秉持立己达人、兼善天下的价值取向，坚守大道之行、天下为公的治理原则，追寻和衷共济、和合共生的高远理想，由内而外呈现出丰厚的历史文化底蕴、巨大的亲和力和感召力。亲仁善邻，实际是中国人把处理内部事务的"仁""和"标准，延伸到对待他国和其他民族。中华民族是重信义、讲情义的智慧民族，与邻里、邻邦之间和睦相处、守望相助，与不同文明多交流、多对话，不仅是中国人一贯的处世之道，也是中华民族所追求的道德目标之一。亲仁善邻思想深刻影响了中国对于人类命运共同体的认知。中华文明将亲仁善邻等作为价值共识和族类认同标志，以不同于其他文明特色的中国智慧，为开创最有气象、最具格局的多民族文明，提供了生生不息、发展壮大的丰厚滋养。新征程大道之行，中国共产党以胸怀天下、"天下为公谋大同"的伟大抱负，正

第四章
新时代新征程继续践行亲仁善邻

在开创人类文明新形态、推动建设人类命运共同体。

在中国共产党与世界政党高层对话会上,习近平总书记指出:"人类命运共同体,顾名思义,就是每个民族、每个国家的前途命运都紧紧联系在一起,应该风雨同舟,荣辱与共,努力把我们生于斯、长于斯的这个星球建成一个和睦的大家庭,把世界各国人民对美好生活的向往变成现实。"[1] 构建人类命运共同体,就是要携手世界各国人民共同建设持久和平、普遍安全、共同繁荣、开放包容、清洁美丽的世界。建设持久和平的世界,就要坚持国家之间的对话协商,坚持大国小国一律平等,构建对话不对抗、结伴不结盟的伙伴关系,尊重彼此核心利益和重大关切,管控矛盾分歧,努力形成相互尊重、公平正义、合作共赢的国际关系。建设普遍安全的世界,就要树立共同、综合、合作、可持续的安全观,统筹应对传统和非传统安全威胁、反对一切形式的恐怖主义,营造公道正义、共建共享的安全格局。建设共同繁荣的世界,就要坚持你好我好大家好的理念,推进开放、包容、普惠、平衡、共赢的经济全球化,创造全人类共同发展的良好条件,共同推动世界各国发展繁荣,让发展成果惠及世界各国。建设开放包容的世界,就要坚持交流互鉴,促进和而不同、兼收并蓄的文明交流,不同文明之间要对话不要对立,要交流不要取代,要包容不要冲突,推动人类文明实现创造性发展。建设清洁美丽的世界,就要倡导绿色、低碳、循环、可持续的生产生活方式,采取行动应对气候变化,构筑尊崇自然、绿色发展的生态体系,促进人与自然和谐共生,共建地球生命共同体。

---

[1]《习近平谈治国理政》第3卷,外文出版社2020年版,第433页。

构建人类命运共同体理念顺应了历史潮流，回应了时代要求，凝聚了各国共识，为人类社会实现共同发展、持续繁荣、长治久安绘制了蓝图，对中国的和平发展、世界的繁荣进步都具有重大而深远的意义。世界命运握在各国人民手中，人类前途系于各国人民的抉择。中国人民同世界各国人民一起，在构建人类命运共同体这条人间正道上携手前行，共同创造更加繁荣美好的世界。

三、弘扬全人类共同价值

理念引领行动，方向决定出路。推动构建人类命运共同体，要弘扬全人类共同价值，广泛凝聚共识、汇聚力量，携手建设合作共赢的美好世界。2015年9月，习近平主席在出席第七十届联合国大会一般性辩论时指出："和平、发展、公平、正义、民主、自由，是全人类的共同价值，也是联合国的崇高目标。"[①] 全人类共同价值包含当今时代人类价值观优秀成果。和平、发展、公平、正义、民主、自由这六大价值贯通个人、国家、世界三个层面，是一个有机整体，紧密相连，共同构成了全人类共同价值。

和平、发展是人类生存的基本价值。和平与发展关乎人类最基本的生存权，是一切人权和价值追求的基础。没有和平，何谈人权？没有安全，何谈尊严？没有稳定，何谈自由？和平犹如空气和阳光，受益而不觉，失之则难存。没有和平，发展就无从谈起。只有保障和平，才能实现国家、社会的发展；才能实现人的解放，最

---

① 《习近平谈治国理政》第2卷，外文出版社2017年版，第522页。

第四章
新时代新征程继续践行亲仁善邻

终获得自由而全面的发展。保障人民生存与发展的权利就是保障两项最基本的人权。

公平、正义是国际交往的规范价值。公平、正义是各国共同追求的基本社会价值,但是在不同的时代和地区,对于什么是公平和正义却有各自不同的理解。近代以来,国家间关系遵循弱肉强食的"丛林法则",但是到了21世纪,追求公平与正义就是要努力打造公正合理的国际秩序,坚持大小国家一律平等、坚持道义为先、义利合一的国家交往原则。

民主和自由是政治文明的重要价值。虽然作为理论表达的民主最先出现在西方,但是民主本身是人类追求平等与进步的产物。什么是民主的本质?民主就是找到全社会意愿和需求的最大公约数,代表最广大人民的利益。不同的基本国情、不同的文化传统,产生不同的民主形式。民主是各国人民的权利,而不是少数国家的专利。实现民主有多种方式,不可能千篇一律。什么是自由的本质?马克思曾指出,自由就是实现"人的解放",实现一切人的自由而全面发展。自由不是绝对的、无条件的,每个人的自由发展要以一切人的自由发展为条件。

全人类共同价值是面对"人类社会如何实现永续发展"这一时代之问而生发的深刻哲学思考,和平、发展、公平、正义、民主、自由这六大要素互为条件、相互依存、层层递进,形成了完整的逻辑链条。其中,和平是其他一切价值得以成立的基础,只有在和平的前提下,其他价值才有实现的可能性。发展为其他价值提供了动力,而其他价值为发展提供了价值导向。公平、正义、自由和民主,

读懂亲仁善邻

只有放置在发展这一具体条件和情境之中进行分析，才具有实践意义；而这些价值本质上是为了回答"要实现什么样的发展，以及如何实现发展"这一时代问题。公平正义和民主自由互为依托。公平正义作为民主自由的精神内核，同民主自由相伴相生。如果脱离了公平正义，那么民主自由就会变得虚伪。西方资本主义国家所倡导的民主自由之所以不被国际社会绝大多数国家认可，正是因为这种民主自由丧失了公平正义的基本内核，只强调自身利益而不承担国际责任，民主自由成了捍卫其霸权主义和强权政治的工具。[1]

以和平、发展、公平、正义、民主、自由为内核的全人类共同价值与各国各民族价值观既相区别又相联系，它是从世界各国、各民族价值观中提炼出来的，又超越了国家、民族、文化、意识形态界限。全人类共同价值，其关键词是"人类"和"共同"。在"和而不同"中谋求"亲仁善邻""天下大同"，这一天下观正是推动构建人类命运共同体的中国方案引领世界的力量所在。党的二十大报告指出，中国共产党人必须坚持胸怀天下。天下之为天下，乃是指包含所有人在内的人类整体。中国共产党人、中国人民包容天下，使天下人都能够同进于大道，共臻于大同。贯穿新全球化时代的伟大文明之魂，就是中国人倡导和引领"天下为公""讲信修睦"的精神价值。"天下为公"的博大情怀和思想境界，既深深根植在中国老百姓的心中，也逐渐成为全世界爱好和平的人们的共同理想。中国共产党推动构建人类命运共同体，为建设持久和平、普遍安全、共同

---

[1] 张新平、代家玮：《全人类共同价值的基本内涵、世界意义与实践路径》，《社会主义核心价值观研究》2022年第3期。

繁荣、开放包容、清洁美丽的美好世界贡献了中国智慧、中国方案、中国力量,成为推动人类发展进步的重要力量。行大道、亲仁善邻的中国,以实际行动树立睦邻友好标杆,引领全球治理方向,彰显了理性、自信、负责任的大国担当。

四、提出三大全球倡议

中华民族历来讲求"天下一家",憧憬"大道之行,天下为公"的美好世界。在全球文明倡议中,首条就是要共同倡导尊重世界文明多样性,坚持文明平等、互鉴、对话、包容,以文明交流超越文明隔阂、文明互鉴超越文明冲突、文明包容超越文明优越。这充分体现了中国在新的历史条件下所具有的文化自信和世界担当,为推动世界文明发展进入新纪元创立正确道路。

进入新时代以来,世界之变、时代之变、历史之变以前所未有的方式展开,人类社会面临前所未有的共同挑战,无论是发展还是安全,乃至思想文化取向,世界都处在何去何从的十字路口。在美国对华展开全面战略竞争、百年变局深化演进的情势下,如何统筹国内国际两个大局、统筹发展安全两件大事、统筹精神和物质两大力量,中国在深入思考,世界在关注中国动向。习近平总书记带领全党和全国各族人民以中国式现代化全面推进中华民族伟大复兴的同时,不断回答世界之问、时代之问,先后提出全球发展倡议、全球安全倡议和全球文明倡议,就如何构建人类命运共同体展开全面系统深入的思考,为不确定的世界提供了确定的中国选项和坚定的

读懂亲仁善邻

中国支柱。

中国三大全球倡议是关涉全人类和整个世界走向的思想与战略，共同构成了推动构建人类命运共同体的强大支撑，体现出中国对构建一个持久和平繁荣世界的整体思考。[①]中国三大全球倡议的先后提出，展现了中国对世界多角度、多方位的理论思考、思想创新和战略诉求，代表着中国全球治理思想体系的新发展；三大全球倡议秉持开放包容的精神，致力于凝聚共识、汇聚力量、共同实践，体现了为世界和平发展事业共同努力的追求；三大全球倡议基于中国式现代化的国内实践总结，致力于通过破解世界发展难题、应对国际安全挑战、促进全球文明互鉴来构建人类命运共同体，展现了中国智慧、中国机遇与中国贡献。

发展是解决一切问题的前提和基础，促进发展成为实现全球治理目标的"金钥匙"。面对发展赤字，习近平总书记提出全球发展倡议，强调"坚持发展优先""坚持以人民为中心""坚持普惠包容""坚持创新驱动""坚持人与自然和谐共生""坚持行动导向"，倡导"构建全球发展命运共同体""共同推动全球发展迈向平衡协调包容新阶段"。2020年，新冠疫情给世界经济增长带来巨大挑战。中国政府采取了积极的应对措施，统筹疫情防控和经济发展，取得了显著成效。在世界经济低迷的情况下，2022年1月，中国在联合国成立了"全球发展倡议之友小组"，努力"对发展问题'再聚焦'、对可持续发展目标'再承诺'、对全球伙伴关系'再提振'、对国际

---

① 刘建超：《积极落实全球文明倡议　合力推动人类文明进步》，《求是》2023年第7期。

第四章
新时代新征程继续践行亲仁善邻

发展合作'再激活'"。全球发展倡议是引导世界克服发展赤字的中国方案，既是中国自身发展经验的国际化表达，又是国际社会寻求发展的共同价值。

安全是人类的原初需求，是发展的重要前提，也是一个国家繁荣稳定的重要基础。维护安全是实现全球治理目标的重要保障，能够优化构建人类命运共同体的总体环境。面对安全赤字，习近平总书记提出全球安全倡议，其核心要义是"坚持共同、综合、合作、可持续的安全观"。全球安全倡议超越了西方传统的零和博弈安全思维和强权政治安全逻辑，秉持共同维护世界和平的理念，为摆脱人类面临的安全困境，推动构建人类命运共同体提供了重要的理念支撑和行动指南。一直以来，中国始终践行和平的外交政策，维护以联合国为核心的国际体系，积极参与全球安全合作，为维护世界和平和地区稳定发挥建设性作用。中国是联合国维和行动第二大出资国和重要出兵国，是五个常任理事国中派出维和人员数量最多的国家，也是联合国维和待命部队中数量最多、分队种类最齐全的国家。为支持联合国维和工作，中国设立为期十年、总额十亿美元的中国—联合国和平与发展基金。中国一直致力于促进国家和地区间的安全治理，在中国的积极斡旋推动下，2023年3月，沙特和伊朗代表团的北京对话取得重要成果，两国宣布恢复外交关系。在维护全球公共卫生安全方面，中国在积极有效控制国内疫情风险的同时，也支持世界卫生组织发挥重要的领导和协调作用。2023年2月，中国发表《全球安全倡议概念文件》，进一步明确了落实全球安全倡议的具体措施，为解决全球安全问题提供了更系统、清晰的思路，对落实全球安全倡议具有建设性意义，为人类命运共同体的构建奠定了坚实基础。

　　文明是一个国家和社会进步的重要标志。习近平总书记指出："人类文明多样性是世界的基本特征，也是人类进步的源泉"。[①] 文明交流互鉴，不仅可以推动人类文明进步，而且可以增进文明之间的理解和互信，从而为构建人类命运共同体凝聚强大的思想共识。2023年3月，在中国共产党与世界政党高层对话会上，习近平总书记提出了全球文明倡议，倡议弘扬平等、互鉴、对话、包容的文明观，以"四个共同倡导"，即共同倡导尊重世界文明多样性、共同倡导弘扬全人类共同价值、共同倡导重视文明传承和创新、共同倡导加强国际人文交流合作为主要内容。全球文明倡议是中国共产党对文明交流互鉴的认识不断深化的成果。早在2014年，习近平主席就指出："文明因交流而多彩，文明因互鉴而丰富。文明交流互鉴，是推动人类文明进步和世界和平发展的重要动力。"2019年5月，习近平主席强调，"要加强世界上不同国家、不同民族、不同文化的交流互鉴，夯实共建亚洲命运共同体、人类命运共同体的人文基础"，并提出四项加强文明对话的具体主张。2023年，习近平主席进一步向世界阐释中国所秉持的文明观，重申了中国政府"不将自己的价值观和模式强加于人，不搞意识形态对抗"的根本立场，表达了中国共产党"致力于推动文明交流互鉴，促进人类文明进步"的使命感和责任感。

　　化解冲突和矛盾，携手应对全球性问题，既需要物质的手段，

[①]《习近平谈治国理政》第2卷，外文出版社2017年版，第543页。

第四章
新时代新征程继续践行亲仁善邻

更需要精神的力量。文明交流互鉴越深入，彼此之间就越容易互相理解和认同，国家之间就越容易合作，构建人类命运共同体就有了牢固的基础。为此，中国积极搭建文明交流互鉴的平台，从博鳌亚洲论坛、亚洲文明对话大会到中国—阿拉伯国家政党对话会、中国共产党与世界政党高层对话会，中国与各国开展多层次、形式多样的文明对话。中国深化与国际组织的合作，推动各方落实联合国《不同文明对话全球议程及其行动纲领》及联合国教科文组织《世界文化多样性宣言》，促进文化交流；同时，与世界各国共同举办各种"文化年"，如法国、澳大利亚、意大利等国的中国文化年，俄罗斯的中国文化节，以及中拉文化交流年、中韩文化交流年等，搭建体验不同文化、增进相互理解的重要实践平台。"一带一路"人文交流机制持续建设，教育领域的交流合作不断加强，外国留学生来华留学，为各国参与全球治理培养更多高素质人才。

中国三大全球倡议触及当前世界百年变局加速演进最为突出的发展、安全和文明三大议题，致力于从根源上、从哲学高度探究和把握新动荡变革期的应对策略，直面当前世界和平发展所面临的关键议题和具体问题，强调共同发展、普遍安全、文明进步的人类指向，呼吁通过国际合作联袂应对挑战、实现共同目标的路径。安全是发展和文明的前提，发展是安全与文明的条件，文明是发展与安全的沟通渠道；全球安全倡议为全球发展倡议的推行保驾护航，全球发展倡议的落实有利于全球安全倡议的可持续实施，而全球文明倡议则是推动高质量全球发展和实现高水平全球安全的根基和土壤，三者集中体现了新时代新征程中国在应对全球事务上的立场、观点、方法和战略。三大全球倡议丰富了构建人类命运共同体理念的思想内涵、实践路径和价值意蕴,代表着中国对世界和平发展繁荣持续作出贡献的愿景与路线图。

五、构建新型国际关系

亲仁善邻思想主张"谋天下之公利",建立合作共赢的国际关系。义利之辨是中国古代哲学的一个重要话题。孔子认为要"见利思义",孟子主张"以义统利",荀子告诫"先义而后利者荣,先利而后义者辱",墨子提出"兴天下之利",谋天下之公利,而不是一己之私利。中国要发展,同时带动其他发展中国家一起发展,中国梦不仅造福中国人民,而且造福世界人民。

亲仁善邻思想重视"天下万民之心",主张建立公正合理的国际秩序。中华民族自古以来提倡亲善和睦,既希望自己过得好,也希望别人过得好。孔子强调"己所不欲,勿施于人",朱熹将此释为"推己及物",这种理念深刻影响着中国人处理人与人、人与社会、人与自我之间的关系。在全球促进建立公正合理的国际秩序,坚持以民为本,反对霸权主义,维护广大发展中国家人民的利益,推进国际秩序改革。

中国自古以来就是一个爱好和平的国家。习近平总书记强调:"走和平发展道路,是中华民族优秀文化传统的传承和发展,也是

第四章
新时代新征程继续践行亲仁善邻

中国人民从近代以后苦难遭遇中得出的必然结论。"① "中国将坚定不移走和平发展道路……始终奉行防御性的国防政策，不搞军备竞赛，不对任何国家构成军事威胁。中国发展壮大，带给世界的是更多机遇而不是什么威胁。"②

党的十八大以来，面对国际形势的深刻复杂变化，以习近平同志为核心的党中央，统筹国内国际两个大局、统筹发展安全两件大事，推动构建以合作共赢为核心的新型国际关系，打造人类命运共同体。进入新发展阶段，习近平总书记提出共商共建共享原则、正确义利观、新安全观、文明互鉴观等处理国际关系、促进全球发展的新理念新原则，得到国际社会的认可与支持。推动构建新型国际关系在遵循国际关系一般准则的基础上，坚持和践行如下理念原则。

第一，联合国宪章宗旨和原则。"联合国宪章宗旨和原则是处理国际关系的根本遵循，也是国际秩序稳定的重要基石，必须毫不动摇加以维护。"③ 首先，国家不分大小、强弱一律平等是联合国宪章首要原则，也是推动构建新型国际关系的基础和前提。其次，推动国际合作是联合国宪章的四大宗旨之一，也贯穿于构建新型国际关系的全过程。最后，增强联合国宪章的权威性和制约性，坚定维护联合国的核心作用。正如习近平总书记指出："当今世界发生的各种对

---

① 习近平：《更好统筹国内国际两个大局 夯实走和平发展道路的基础》，《人民日报》2013年1月30日。

② 习近平：《顺应时代前进潮流 促进世界和平发展》，《人民日报》2013年3月24日。

③ 习近平：《在联合国成立75周年纪念峰会上的讲话》，《人民日报》2020年9月22日。

抗和不公,不是因为联合国宪章宗旨和原则过时了,而恰恰是由于这些宗旨和原则未能得到有效履行。"①

第二,和平共处五项原则。和平共处五项原则诞生于第二次世界大战后的非殖民化运动,应用于中印边界的历史争端,已经展现出强大的生命力和塑造力。战后国际关系发展表明,国家间关系的好坏,关键在于双方是否严格遵守这一原则。② 这一原则将"和平共处"这一国际关系的基本目标具体化、操作化,强调国际交往中权利与义务的对等性,体现了发展中国家的普遍诉求,对于改革国际政治旧秩序发挥了重要作用。在百年大变局背景下,和平共处五项原则仍是构建新型国际关系的理论基石。习近平主席指出:"中国将始终高举和平、发展、合作、共赢旗帜,在和平共处五项原则基础上拓展同各国友好合作,积极推动构建新型国际关系。"③

第三,共商共建共享。这一原则将平等、开放、互利、合作理念应用于国际关系领域,有助于凝聚国际共识,为全球治理变革激发新动能,为构建新型国际关系创造良好条件。共商强调参与主体的平等性,坚持相互尊重、对话协商,增强行为主体的平等性和国际议程的民主性。共建突出行动过程的开放性,倡导以开放包容理念打破封闭排他的俱乐部合作模式,凝聚推动全球发展的治理合力。

---

① 《推动全球治理体制更加公正更加合理 为我国发展和世界和平创造有利条件》,《人民日报》2015年10月14日。

② 吴志成:《中国共产党领导中国外交砥砺前行的重要启示》,《中国党政干部论坛》2021年第3期。

③ 习近平:《同舟共济克时艰,命运与共创未来——在博鳌亚洲论坛2021年年会开幕式上的视频主旨演讲》,《人民日报》2021年4月21日。

第四章
新时代新征程继续践行亲仁善邻

共享体现目标的互利性,秉持共赢共享的理念寻求多边合作的最大公约数,不搞一家独大或赢者通吃,提倡共同参与、共同分享,打造公正普惠的全球发展格局。

第四,正确义利观。正确义利观将道义与利益、本国利益与他国利益有机结合,为构建新型国际关系树立价值导向。[①]一方面,坚持以义为先。传统国家间交往崇尚利益至上原则,国际关系常常被设定为利益关系。正确义利观统筹全球共同发展与国家自身发展,遵守国际关系一般准则,做到讲信义;推动南南合作,支持发展中国家发展,做到重情义;坚决反对霸权主义和强权政治,做到扬正义;坚持多予少取、先予后取、只予不取,做到树道义。另一方面,做到义利兼顾。正确义利观并非放弃国家利益,而是致力于推动国际关系朝着双赢、多赢、共赢的方向发展,用国际合作发展的"公利"消解个体主义阴霾,构建共同繁荣的利益共同体。它超越对立冲突的思维方式,修正了利益至上、利己主义等狭隘理念,为构建新型国际关系提供价值导航。[②]

第五,共同、综合、合作、可持续的安全观。新安全观是构建新型国际关系在安全领域的基本遵循。传统安全观追求绝对安全,使国际关系难以摆脱冲突战争,新安全观则从整体安全、积极安全视角出发,兼顾内外安全,为构建新型国际关系创造安全稳定的国际环境。新安全观是一个相互联系、相互依托的整体安全理念。共

[①] 吴志成、李佳轩:《习近平外交思想中的正确义利观》,《国际问题研究》2021年第3期。

[②] 陈岳、蒲俜:《构建人类命运共同体》,中国人民大学出版社2018年版,第63页。

同安全要求尊重不同国家安全诉求的差异性，倡导普遍安全、平等安全和包容安全；综合安全就是要将传统安全问题与非传统安全问题、当前挑战与潜在威胁结合起来，统筹谋划、综合施策；合作安全反对以邻为壑、军事威胁等冷战思维，主张用对话协商、和平合作的方式解决争端；可持续安全将安全与发展并重以实现持久安全，强调发展是安全的基础，安全是发展的条件。

第六，平等、互鉴、对话、包容的文明观。习近平主席指出："推动文明交流互鉴，需要秉持正确的态度和原则。"[1] 新文明观是文明交往领域构建新型国际关系的基本原则。西方文明观建立在自我与他者分异的基础上，进而衍生出文明优越、文明冲突、文明隔阂、文明固化等冲突思维。新文明观倡导"多彩、平等、包容"的交往原则，主张在相互尊重、平等相待的基础上，秉持"美人之美、美美与共"的包容心态，通过交流互鉴、取长补短，实现与时俱进、开放包容，促进世界文明共同发展。党的十八大以来，习近平总书记多次强调，要树立平等、互鉴、对话、包容的文明观，以文明交流超越文明隔阂，以文明互鉴超越文明冲突，以文明共存超越文明优越。[2] 新文明观有助于促进世界文明和谐共生，为构建新型国际关系奠定文化根基。

当前，全球治理体系主要基于西方发达国家主导建立的一系列国际规范和国际机制，其重要弊端是发展中国家代表权不足、话语权有限。随着新兴国家的崛起，国际力量对比发生了重大变化，新

---

[1]《习近平谈治国理政》第1卷，外文出版社2018年版，第258页。
[2]《习近平谈治国理政》第3卷，外文出版社2020年版，第441页。

第四章
新时代新征程继续践行亲仁善邻

兴市场国家和发展中国家对全球经济增长的贡献率已经达到80%，而全球治理体系未能反映新格局，代表性和包容性很不够。新兴市场国家和发展中国家在全球治理体系中的发言权与其对世界经济增长的贡献度明显不匹配，这导致了全球经济治理体系结构与国际经济发展现实的严重脱节。

全球治理体系的缺陷导致全球治理的失灵，无法从根本上有效应对全球性挑战。新局势新问题，迫切需要新的全球治理理念，从更深层次改革和完善现有的治理体系和规则，建立更加公正合理的全球治理体系。人类命运共同体理念强调共商、共建、共享，以共商促成合作意愿，以共建作为合作路径，以共享作为合作成果的分配方式。习近平主席指出："国家不分大小、强弱、贫富，都是国际社会平等成员，理应平等参与决策、享受权利、履行义务。要赋予新兴市场国家和发展中国家更多代表性和发言权。"[1] 人类命运共同体理念的提出，是中国对"建设一个什么样的世界，如何建设这个世界"作出的回应，是为完善全球治理体系，共建人类美好家园贡献的"中国智慧"，集中体现了中国共产党为人类谋进步、为世界谋大同的宽广胸怀和使命担当。[2]

中华传统文化中亲仁善邻的价值观，主要表现在与人为善的立场和态度、以和为贵的目标和导向，以及乐群共济的方式和途径等方面。亲仁善邻体现着中华民族独有的内敛与厚重，承载着中华民

---

[1] 习近平：《共担时代责任 共促全球发展》，《人民日报》2017年1月18日。
[2] 王春英、仇佳璐：《人类命运共同体理念：时代背景、理论创新与实践路径》，《江西社会科学》2023年第7期。

族特有的宽厚与包容。古往今来，正是始终秉承亲仁善邻的政治智慧，中华儿女才能世代坚持与人为善、推己及人，建立和谐友爱的人际关系；华夏各民族间始终坚持互通交流、和衷共济，才能形成团结和睦的大家庭；中华民族协和万邦，才能与世界其他民族在平等相待、互相尊重的基础上不断发展友好合作关系。在新时代，亲仁善邻尤其体现出中国扶危济困、大国担当的天下情怀及其和平发展的价值取向。

亲仁善邻是中国倡导构建人类命运共同体的思想渊源，推动国际秩序和国际体系朝着更加公正合理的方向发展。习近平总书记指出："构建人类命运共同体是一个美好的目标，也是一个需要一代又一代人接力跑才能实现的目标。"[①] 人类命运共同体能够在促进国与国建设各领域和平发展的过程中，夯实人类命运共同体的现实基础，在优化革新全球治理体系和构建新型国际关系的过程中，破除人类命运共同体的实现壁垒，在国际重大会议、活动中，正向释义人类命运共同体理念，凝聚世界人民对命运相连的价值共识。

第二节　完善对外工作体制机制

截至 2022 年 9 月，我们党同世界上 600 多个政党和政治组织保持着不同形式的联系；截至 2023 年 2 月，我国已同 113 个国家和地

[①]《习近平谈治国理政》第 2 卷，外文出版社 2017 年版，第 548 页。

第四章
新时代新征程继续践行亲仁善邻

区组织建立伙伴关系,构筑起更加全面、更为坚实的全球伙伴关系网络;建立了中国共产党与世界政党高层对话会、万寿论坛、"一带一路"智库合作联盟等交流对话平台,以及中美、中俄、中英、中非、中阿、中拉和金砖政党对话等不同形式的交往机制,同更多国家和地区商签高标准自由贸易协定,推进一体化合作进程,搭建起开放、包容、合作与共赢的对外交往矩阵,一个全方位、宽领域、多层次的政党外交格局和国际政党交流合作网络已经形成,党的对外工作在服务党和国家中心工作中的地位更加突出、成效更加显著。

一、积极建设区域合作机制

中国一向重视参与和推动区域合作。作为一个区域大国,中国有着清晰的地缘区域定位、战略与政策。中国把周边作为对外关系的首要,积极推动多方位的区域合作,提出睦邻、安邻、富邻,亲诚惠容和周边命运共同体等重要合作理念。中国推动构建的周边区域合作机制不是排他性的,更不是对抗性的。以上海合作组织为例,上合组织的建立初衷是与俄罗斯和独立后的中亚国家构建新型合作关系,以共同安全、合作安全为导向,创建和平、稳定、发展的区域。如今,上合组织已经成为新型区域合作组织,各成员国通过协商与合作创建区域安全与发展环境,实现合作共赢。中国的区域合作战略不针对第三方,也不搞选边站,旨在聚焦共同设定的合作议程实现共同发展。

（一）亚太经济合作组织（APEC）

中国最早参与的亚太地区多边经济合作组织，就是1991年加入的亚太经济合作组织（APEC）。这是中国改革开放以来参加的第一个，也是参与的规模最大、最重要的多边经济合作组织。很多研究都表明，参与APEC为中国全面深入地参与亚太区域经济合作开创了新局面，有效地加强了中国与APEC各成员的经贸关系。

今天，中国已经成为APEC中的一股不可忽视的、强有力的大国推动力量，为推进亚太繁荣稳定发挥了重要的建设性作用，同时，APEC也成为中国参与和深化亚太地区经济合作的主要平台。随着中国经济的发展，中国在APEC中的影响力也日益扩大，越来越以更加积极主动的姿态参与APEC的机制建设，不断提升其自身话语权，推动和引领能力也不断强化，推动各领域深入合作，推动APEC合作之树长青。30多年来，中国在APEC发展中作出越来越多的重要贡献，具体体现在以下五个方面。

一是推动"上海共识"和"北京共识"的形成，深化并推动亚太自由贸易区的建设，支持并推动亚太互联互通。中国30年来共举办两次APEC领导人非正式会议，两次会议所达成的成果后来分别被称为"上海共识"和"北京共识"。"上海共识"的达成对"茂物目标"的早日实现起到了推动作用，如上海会议明确了实现"茂物目标"的具体战略、强化了APEC的执行机制，从而为亚太经济合作注入了新活力。有观点认为，这是中国对APEC作出的里程碑式的贡献。"北京共识"的结果是正式启动了建设亚太自贸区（FTAAP）的进程，并描绘了未来十年的互联互通蓝图和全球价值链

第四章
新时代新征程继续践行亲仁善邻

发展合作战略蓝图，再次为 APEC 注入巨大活力，为亚太地区经济合作作出历史性的新贡献。

二是提出共同构建"亚太命运共同体"的主张，推动通过《2040 年亚太经合组织布特拉加亚愿景》。习近平主席在 APEC 领导人非正式会议上的重要发言，多次涉及命运共同体的主题，提出要共同构建"亚太命运共同体"。习近平主席指出，"值此历史关头，亚太地区应该勇担时代责任，发挥引领作用，坚定朝着构建'亚太命运共同体'目标迈进"。他还指出，"中国将坚持真正的多边主义，维护以世界贸易组织为核心的多边贸易体制，积极参与全球经济治理，推动建设开放型世界经济，坚定推进高质量共建'一带一路'，积极融入亚太区域合作，始终做亚太开放合作的推动者，促进亚太互联互通，筑牢'亚太命运共同体'的合作基础"。2020 年的 APEC 领导人非正式会议通过的"愿景"将成为引导 APEC 未来 20 年的纲领性文件，表明 APEC 将继续延续"茂物目标"精神，支持多边贸易体制和推动区域经济一体化，通过创新、数字经济推动亚太地区经济增长。习近平主席在讲话中多次提及的"亚太命运共同体"，契合了"愿景"中的有关内容和设想中的"亚太共同体"，"愿景"中提出的三条路径，即"贸易和投资""创新和数字化""强劲、平衡、安全、可持续和包容的增长"，与习近平主席所提倡的"创新、协调、绿色、开放、共享"的新发展理念和践行以人民为中心的发展思想在本质上是相通的，表明中国的理念和方案对 APEC 的未来发展具有一定的引领作用。2022 年 11 月 18 日上午，亚太经合组织第二十九次领导人非正式会议在泰国曼谷国家会议中心举行，习近平主席出席会议并发表题为《团结合作勇担责任　构建亚太命运共同体》的重要讲话，指出："亚太是我们安身立命之所，也是全球经济增长动力之源。过去几十年，亚太区域经济合作蓬勃发展，创造了举世瞩目的'亚太奇迹'，亚太合作早已深入人心。现在，世界又一次站在历史的十字路口，亚太地位更加重要、作用更加突出。新形势下，我们要携手构建亚太命运共同体，再创亚太合作新辉煌。"这表明习近平主席又一次在历史转折关头指出了世界的前进方向。

三是支持并推动包容、可持续发展。APEC成立以来，在推动全球和地区经济的包容与可持续发展方面一直在发挥积极的作用，2015年的菲律宾马尼拉APEC领导人非正式会议就是以"打造包容性经济、建设更美好世界"为主题。如今，包容、可持续发展频频出现在APEC领导人宣言的文本中，更经常出现在各级会议制定的政策文本中，已经成为APEC在各领域开展国际合作时坚持的原则或主要内容。尤其是在数字经济快速发展的背景下，如何进一步促进包容、可持续发展的问题尤为突出。中国对此主题的接受与响应，最早可追溯到2010年时任中国国家主席胡锦涛在出席APEC领导人非正式会议时所作的发言——《深化交流合作，实现包容性增长》。习近平主席在2015年出席菲律宾马尼拉会议时，参与了包括包容、可持续发展等多项议题的讨论。2016年的二十国集团杭州峰会上，习近平主席又对包容性增长作了系统性阐述。中国在改革开放实践中，始终贯彻"以人为本"的经济发展理念，历届政府在中国经济高速增长的同时，都十分注重经济发展的公平性与普惠性，尽量避

第四章
新时代新征程继续践行亲仁善邻

免由于经济的过快发展而形成的能源过度消耗和环境污染问题。中国还积极采取各项措施，落实推动 APEC 的有关包容、可持续发展的主张，如在减少贫困人口、发展普惠金融方面取得瞩目的成绩，中国还把成功经验与模式向其他 APEC 成员方分享，产生了广泛积极的影响。

四是支持创新和积极推动数字经济的发展。中国一直是 APEC 科技创新活动的重要参与者与推动者，一贯重视加强 APEC 框架下的科技创新交流与合作。首先，中国领导人多次阐述了中国重视创新、重视科技交流合作的理念。习近平主席在 2018 年的 APEC 领导人非正式会议上提出"四个坚持"的中国主张，在 2021 年的 APEC 领导人非正式视频会议上又指出，要促进创新增长和数字经济发展，中国已经申请加入《数字经济伙伴关系协定》。其次，中国积极参加或承办科技创新政策伙伴关系机制（PPSTI）的相关会议和其他的会议及活动。最后，中国积极推动多领域的科技创新合作，尤其重视开展数字经济领域的合作。APEC 各经济体在科技创新领域的合作已经扩展到车联网、智慧城市、技术转移、新能源、医疗、地震模拟、数字经济等多个领域。尤其是在数字经济领域大力开展能力建设，推动数字经济相关政策的交流与合作，如电子商务、规制合作、信息基础设施建设、标准一致化等方面，很大一部分的中小微企业开始推动数字化转型。有关数据显示，21 个 APEC 成员中，中国主持的数字经济项目（56 个）最多，其中与俄罗斯、越南、秘鲁等发展中成员开展的合作项目数（132 项）占全体成员项目总数的 39.4%，涉及的领域包括数字基础设施建设、信息通信技术应用、电子商务、数据资源跨境传输、安全保护标准和规范等规制合作。

五是充分利用中国工商界力量在APEC中发挥影响力。工商界一直是亚太经济合作的重要参与者，APEC工商咨询理事会（ABAC）和APEC工商领导人峰会是其主要的平台，多年来工商界人士为APEC的发展提出了许多务实建议，如APEC商务旅行卡计划、2014年的《APEC推动实现亚太自贸区北京路线图》等，都有工商界人士的贡献。他们在数字经济、互联互通、包容性增长、中小企业发展与合作等方面也作出重要的贡献。APEC工商领导人中国论坛是中国工商界发挥作用的另一平台。中国工商界不仅有责任和义务引导国际规则朝着更加公正、合理、有效的方向发展，以维护自身及广大发展中国家工商界的共同利益，还要充分发挥其在工商领域的优势，推动APEC开展工商领域的广泛合作，尤其是在加强数字基础设施建设、消弭数字鸿沟、鼓励新技术研发与应用方面，更要不断为亚太地区繁荣发展注入新的动能。

（二）区域全面经济伙伴关系协定（RCEP）

2012年，东盟十国发起了《区域全面经济伙伴关系协定》（RCEP）。从2012年开始，参与谈判的各国首脑达成一致意见。这是由16国——印尼、马来西亚、菲律宾、新加坡、泰国、文莱、越南、老挝、缅甸、柬埔寨等东盟十国，以及后来邀请的中国、日本、韩国、澳大利亚、新西兰和印度（"10+6"）——来共同推动的一项制度性安排，是旨在推进东亚区域经济一体化开展的自贸协定谈判。2020年11月15日，东盟十国和中国、日本、韩国、澳大利亚、新

第四章
新时代新征程继续践行亲仁善邻

西兰共 15 个亚太国家正式签署了该协定。2021 年 11 月 2 日，RCEP 达到协定生效门槛。2022 年 1 月 1 日，协定对已提交核准书的 10 国正式生效。RCEP 覆盖人口约 22.7 亿人，GDP 约占全球的 33%、出口额占全球的 30%。作为当前世界上参与人口最多、成员结构最多元、经贸规模最大、最具发展潜力的自由贸易协定，RCEP 的生效为区域合作的深化发展创造了崭新机遇，为世界经济的开放融通注入了强劲动力，为中国经济的持续繁荣提供了强大引擎。

实际上，这个涉及 16 个国家的东亚区域性合作安排，经历了一个艰难的谈判过程，而中国在其间发挥了重要的作用。

一方面，中国积极参与 RCEP 的所有部级谈判，不曾缺席 31 轮技术谈判中的任何一场，并积极承办 RCEP 谈判会议。自谈判开始，中国南宁、天津、郑州和北京分别承办了 3 轮谈判和 1 次部长级会议。正是在中国天津第 15 轮谈判中，经济技术合作章节得以率先完成。中国的关键作用还体现在加强中日、中印协调，注重 RCEP 实际效果，形成各方均能认可的平衡、都能执行的高标准上。[①]

另一方面，我国领导人和相关工作人员多次在公开场合表示全力支持 RCEP 谈判。2012 年 11 月 20 日，时任国务院总理温家宝在东亚峰会上表示，推动 RCEP 谈判是相关地区国家的共识，对于区域经济一体化意义重大。中国将全力支持东盟推进 RCEP 建设，也将积极参与谈判，同时呼吁各国抓住区域一体化进程的新机遇，奉行自由公平的贸易政策，坚持市场开放，坚决抵制各种形式的保护

---

① 张天桂：《TPP-CPTPP、RCEP 和 FTAAP：中国的角色与作用》，《商业经济》2018 年第 10 期。

主义。2018年11月,习近平主席在出席首届中国国际进口博览会开幕式上表示,中国愿推动早日达成区域全面经济伙伴关系协定。此后,在出席二十国领导人峰会和亚信峰会等重要场合时,习近平主席多次表达对RCEP的重视,并呼吁各方积极推进这一自贸协定。时任国务院总理李克强连续4年出席RCEP领导人会议,并多次呼吁各方调控分歧,尽快推动谈判达成。

谈判过程中各成员国利益交错、矛盾纷繁复杂,中国作为其中最大的经济体和积极推动者,发挥了重要的分歧调控作用。2019年8月,同为RCEP成员国的日韩双方由于二战赔偿的争议和争议岛屿(日方称竹岛,韩方称独岛)主权之争等爆发贸易争端。习近平主席以同年12月底的中日韩领导人会议为契机,从中斡旋,积极化解双方分歧。在此次会议召开前夕,习近平主席在北京分别会见了韩国总统文在寅和日本首相安倍晋三,日韩双方领导人均表示支持自由贸易,愿同中方继续加强在地区国际事务中的沟通协作。2019年11月,印度总理莫迪以保护其农民和劳工为由,宣布退出RCEP谈判,对此中国也作出积极挽留,并多次表示欢迎印度在合适的时候重新回归RCEP。

值得一提的是,中国作为区域内最大、世界第二大的经济体,在RCEP谈判中不仅提供了相应的政治支持,还发挥了经济稳定器作用,如积极发挥自身的经济影响力,扩大RCEP市场规模和经济体量,增强RCEP的影响力和权威性等。

（三）澜湄合作机制

湄公河地区是中国参与国际区域合作最早和最重要的方向之一，是"构建人类命运共同体从周边起步"的试验田，也是中国推动中国—东盟命运共同体建设的重要支撑。自1992年该地区开启制度化合作进程以来，中国一直是重要的参与方和积极的建设者。2015年11月，中国与缅甸、泰国、老挝、柬埔寨、越南五个国家共同发起成立澜沧江—湄公河合作机制（简称澜湄合作）。该机制的宗旨是深化澜湄六国睦邻友好和务实合作，促进沿岸各国经济社会发展，打造澜湄流域经济发展带，建设澜湄国家命运共同体，助力东盟共同体建设和地区一体化进程，为推进南南合作和落实联合国2030年可持续发展议程作出贡献，共同维护和促进地区持续和平和发展繁荣。党的十八大以来，澜湄合作机制取得重要进展。

一是机制参与国共商共建，机制运行顺畅。澜湄合作机制自成立以来，各国共商澜湄合作事宜，机制运行顺畅。截至2022年7月，已举行3次领导人会议、7次外长会、9次高官会和12次外交工作组会。2022年，澜湄合作机制迎来第六个年头，也是《澜湄合作五年行动计划（2018—2022）》的收官之年。这一年，澜湄六国认真落实第三次领导人会议共识，携手抗击新冠疫情，共建"免疫护盾"；加快推进互联互通，共造"发展引擎"；积极开展地方合作，共筑"友谊桥梁"；着力拓展民生合作，共创"幸福家园"，为促进区域稳定繁荣作出重要贡献。澜湄合作"天天有进展、月月有成果、年年上台阶"，"澜湄速度"在区域合作中被传为佳话，成为各方公认的成果最多、活力最足、潜力最大的次区域合作"金色样板"。中国海关总署数据显示，2022 年 1—10 月，中国与湄公河国家贸易额达 3842.3 亿美元，同比增长 19%，充分展现澜湄合作的强大生机活力。

二是机制定位明确，理论基础坚实。澜湄合作机制定位准确，机制内涵不断丰富，机制参与国通过协商统一了机制原则和目标，为澜湄合作机制的发展壮大奠定了理论基础。2016 年 3 月，在海南三亚召开的澜湄合作首次领导人会议，确立了澜湄合作"3+5"框架，澜湄合作"3+5"框架为澜湄合作机制深入发展打下了坚实的基础。2018 年 1 月 10 日，第二次领导人会议在柬埔寨金边举行，时任国务院总理李克强提出，重点开展水资源、产能、农业、人力资源和医疗卫生合作，推动澜湄合作从培育期顺利迈向成长期。六国领导人一致同意形成"3+5+X 合作框架"，拓展海关、卫生、青年等领域合作。2022 年，澜湄六国通过了《关于在澜沧江—湄公河合作框架下深化农业合作和保障粮食安全的联合声明》等共识文件，实现了向可持续发展、文化交流等领域的精细化耕耘，为落实联合国 2030 年可持续发展目标和全球普惠发展贡献宝贵的"澜湄经验"与"澜湄智慧"。

三是早期收获计划产生示范效应。部分早期计划的顺利完成为澜湄合作机制后续发展带来示范效应。自 2014 年 11 月中方在第 17 次中国—东盟领导人会议上提出澜湄合作机制的倡议以来，各国同意就 78 个早期收获项目展开合作，覆盖水资源治理、减贫、公共卫生、基础设施建设、人员交流、科学技术等领域。2022 年 7 月，澜沧江—湄公河合作第七次外长会在缅甸成功举行，六国将经济融合、

第四章
新时代新征程继续践行亲仁善邻

数字合作、绿色发展作为澜湄合作未来六个重点方向中的三个着力点。在继续推动中老泰铁路建设、深化发展陆海新通道建设与合作的同时,注重数字赋能与绿色发展,积极有序构建"赤字时代"下普遍受益、步步升级的澜湄大市场,共同打造高质量共建"一带一路"的示范区。

(四)上海合作组织

数千年来,因为有古丝绸之路的纵横相连,亚欧大陆实现了商品物产大流通、科学技术大传播、思想观念大碰撞、多元文化大交融。近代以降,位于亚欧大陆"十字路口"的中亚地区逐渐卷入地缘政治角逐之中。苏联解体后,中苏之间的7000多公里边界变成了中国与俄罗斯、哈萨克斯坦、吉尔吉斯斯坦、塔吉克斯坦四国分别接壤的边界。为了在边境地区更好加强军事领域信任和妥善相互裁减军事力量,"上海五国"机制应运而生。从1992年起,"上海五国"(中国、俄罗斯、哈萨克斯坦、吉尔吉斯斯坦、塔吉克斯坦)共举行17轮谈判,开展了多轮不同级别的磋商、会晤、谈话。1996年4月26日,五国元首在上海正式签署《关于在边境地区加强军事领域信任的协定》,又称《上海协定》。《上海协定》全文被联合国大会以A/51/137号官方文件的形式发布,是亚太地区第一份同类国际协定,为寻求缓和与邻国边境地区局势的国家和地区树立了榜样。一年后,《关于在边境地区相互裁减军事力量的协定》(又称《莫斯科协定》)顺利达成。

作为一种全新的多边会谈机制,"上海五国"并无先例可循。

在"摸着石头过河"的过程中，善意、理解和相互尊重成了解决复杂问题的关键，背后是各利益攸关方坚决维护边境安全、地区稳定与世界和平的信心与决心。随着五国之间相互信任与相互理解的进一步巩固，以及各国共同扩大协作范围和合作领域的意愿加强，在和平、发展的时代潮流下推动合作机制升级便是水到渠成。2001年6月15日，恰逢"上海五国"峰会五周年之际，永久性政府间国际组织"上海合作组织"在中国上海宣布成立。包括新加入的乌兹别克斯坦在内，上合组织共有中、俄、哈、吉、塔、乌六个联合创始国。在当天签署的《打击恐怖主义、分裂主义和极端主义上海公约》，奠定了上合组织打击"三股势力"和应对各类区域安全威胁的法律基础。2002年，《上海合作组织宪章》在圣彼得堡峰会上签订，并于2003年9月19日生效。这份章程文件规定了组织的宗旨与原则、组织架构、主要活动方向等。上合组织的成功实践体现了什么是真正的多边主义，实现了对传统冷战思维、集团政治、"文明冲突论"的超越。[1]

上合组织是中国参与创建的第一个区域性国际组织。20多年来，中国一直是"上海精神"坚定的倡导者、捍卫者和践行者，为上合组织发展壮大不断贡献中国智慧和力量，彰显负责任的大国担当。中国始终以全球视野推动上合组织发展，是上合组织参与全球治理的坚定支持者和积极践行者。政治上，中国在上合组织中大力倡导并不断发展"上海精神"，提出建立"和谐地区"的理念，倡导建立上合组织命运共同体，不仅确保了上合组织始终保持先进理念

---

[1] 陈康令：《上海合作组织的诞生、发展与意义》，《秘书工作》2022年第12期。

第四章
新时代新征程继续践行亲仁善邻

和远大目标,也为全球治理贡献了新理念、新智慧。同时,中国率先发起倡议制定《上合组织成员国长期睦邻友好合作条约》,不仅为上合组织提供了一部与《上海合作组织宪章》同等重要的纲领性文件,而且为全球治理贡献了制度范本。安全上,中国积极倡导并践行新型安全观,推动通过《上海合作组织反极端主义公约》,为全球安全治理提供了重要的理念指引和宝贵的制度建设经验。经济上,中国是上合组织最大的金融支持者。中国先后在陕西杨凌建立上合组织农业技术交流培训示范基地,在山东青岛建设中国—上合组织地方经贸合作示范区和中国—上合组织技术转移中心,积极探索区域合作新路径,为破解发展中国家合作难题提供了有益经验。人文上,中国率先成立中国上合组织睦邻友好合作委员会,创办"上合组织青年交流营",向成员国提供大量政府奖学金名额,建立中国—上合组织环保信息共享平台,启动"上海合作组织科技伙伴计划",以有力举措支持和促进上合组织人文交流不断走向深入,为全球范围内不同文明之间的交流互鉴、融合发展提供了有益示范。

构建上合组织命运共同体是中国为未来上合组织发展贡献的中国方案,指明了上合组织参与全球治理的目标和方向。2018年,习近平主席在上合组织青岛峰会上首次提出构建上合组织命运共同体的重大倡议,并提出创新、协调、绿色、开放、共享的发展观,共同、综合、合作、可持续的安全观,开放、融通、互利、共赢的合作观,平等、互鉴、对话、包容的文明观,共商、共建、共享的全球治理观,为构建上合组织命运共同体提供了理论指导和理念指引。2019年,习近平主席在上合组织比什凯克峰会上进一步提出要把上合组织打造成团结互信、安危共担、互利共赢、包容互鉴的典范，明确回答了"建设一个什么样的上合组织命运共同体"的问题，指明了构建上合组织命运共同体的目标和任务。2020年，习近平主席在上合组织莫斯科峰会上提出要构建卫生健康、安全、发展、人文"四个共同体"。2021年，习近平主席在上合组织杜尚别峰会上倡议上合组织走团结合作、安危共担、合作共赢、包容互鉴、公平正义"五条路"。在2022年的上合组织撒马尔罕峰会上，习近平主席强调要秉持"五个坚持"，即坚持政治互信，坚持互利合作，坚持平等相待，坚持开放包容，坚持公平正义，进一步阐明了新形势下构建上合组织命运共同体的使命和担当。习近平主席在撒马尔罕峰会上指出："新形势下，上海合作组织作为国际和地区事务中重要建设性力量，要勇于面对国际风云变幻，牢牢把握时代潮流，不断加强团结合作，推动构建更加紧密的上海合作组织命运共同体。"习近平主席还强调要弘扬全人类共同价值，积极落实全球安全倡议、全球发展倡议，这为新形势下上合组织参与全球治理提供了方向导航和路径指引。[①]2023年，习近平主席在北京以视频方式出席上海合作组织成员国元首理事会第二十三次会议。习近平主席指出，10年来，人类命运共同体理念得到国际社会广泛认同和支持，正在从理念转化为行动、从愿景转变为现实。在这个过程中，上海合作组织走在时代前列，秉持人类命运共同体理念，弘扬"上海精神"，构建上海合作组织命运共同体。习近平主席还强调要增强团结互信、维护地区和平、聚焦务实合作、加快交流借鉴/践行多边主义，积

---

① 邓浩：《大变局下上海合作组织的新使命》，《当代世界》2022年第10期。

极落实"三大倡议"。这一发展理念,为上合组织维护世界和平与发展注入更多确定性和正能量。

二、新兴经济体合作机制

新兴经济体合作机制主要包括二十国集团(G20)机制和金砖国家合作机制。新兴经济体和发展中国家在全球治理中扮演着重要的角色,他们的参与和贡献对于全球治理体系的公正合理发展起到了关键作用。

(一)二十国集团(G20)

二十国集团(G20)是一个典型的论坛机制,由领导人峰会、财金和协调人双轨道对话会议、部长会议,以及专业工作组和研究小组会议组成。与正式的国际组织相比,G20没有秘书处、国际雇员和专门的办公地点,这种非正式的国际机制特点赋予G20灵活性,也带来落实效率的不确定性。尽管如此,G20机制依然是主导全球经济治理的核心平台,并受到国际社会的高度关注。

自1999年G20诞生以来,中国不仅积极支持G20在全球经济治理中发挥更大作用,而且本着建设性态度参与G20机制建设,积极提供中国方案,贡献中国智慧,为G20建设与发展发挥了独特而重要的作用。

首先,积极参与机制建设。中国国家主席不仅出席了G20历次峰会,而且在会上发表了一系列重要讲话,宣介中国政府采取的相关举措，阐明中国对全球经济治理的立场。2020年面对新冠疫情的重大挑战，全球治理短板凸显，针对二十国集团应该在国际秩序和全球治理方面发挥什么作用，习近平主席给出了四点建议，再次把握住全球治理发展的关键方向。这是中国参与G20机制建设的重要彰显。

其次，提出系列中国主张。在2020、2021年，中国领导人以视频方式在北京参与二十国集团领导人峰会，中国对全球抗疫和恢复经济贡献中国智慧。在巴厘岛峰会上，中国为破解"世界怎么了、我们怎么办"这一时代课题贡献中国方案，体现大国担当与思想魅力。

最后，创新全球治理模式。面对西方所推动的"旧"全球化缺乏动力和国际合法性的困局，日益走近国际舞台中央的中国在中共十八大以后提出了一系列有关全球治理的新方案、新思路。2015年12月1日，中国正式接任G20主席国。接任之后，中国肩负着推进全球经济强劲、可持续、平衡增长的重任，在加强宏观形势研判和政策协调的同时，着力加强结构性改革顶层设计，主导制订《杭州行动计划》。中国还重启了国际金融架构工作组，推动建立更加稳定和有韧性的国际金融架构，取得了丰硕成果。中国还首次把绿色金融议题引入G20议程，创建了绿色金融研究小组。在中国的努力下，杭州峰会第一次将发展问题置于全球宏观政策框架的突出位置，第一次围绕落实2030年可持续发展议程制订系统性行动计划，呼应了国际社会对G20峰会从危机应对机制向长效治理机制转变的期盼。

作为全球第二大经济体和最大的发展中国家，中国始终是G20

第四章
新时代新征程继续践行亲仁善邻

合作的积极倡导者和行动派。这不仅体现在 2008 年国际金融危机后中国采取了一系列提振经济的宏观经济政策，推动全球经济从国际金融危机中复苏，还体现在主张推进国际金融体系改革以增加发展中国家在国际货币基金组织和世界银行的投票权。在 G20 杭州峰会上，中国首次推动全球 2030 年发展议程进入 G20 讨论议题。在新冠疫情大流行时期，中国积极倡导 G20 合作抗疫。中国提出并带头实践的促进世界经济强劲、平衡、可持续、包容增长和构建人类命运共同体的方案，发挥了全球经济增长"稳定器"和"动力源"作用。

中国将继续在 G20 中发挥连接大国关系、保持领导人沟通的纽带作用，而 G20 也需要中国为全球经济增长注入更大的动能。与 G20 中最大的资本主义国家美国的消极应对相比，积极努力的中国将在促进 G20 合作中被赋予更多的信任和期待，中国也必将为 G20 合作贡献更多更包容的智慧和行动方案。[①]

（二）金砖国家

金砖国家（BRICs）最初是巴西（Brazil）、俄罗斯（Russia）、印度（India）和中国（China）四国英文名称首字母的组合。2006 年，巴西、俄罗斯、印度、中国四国外长在联合国大会期间举行首次会晤，正式开启金砖国家合作进程。2008 年国际金融危机爆发后，金砖四国为应对危机加强了相互间合作，2009 年 6 月，四国领导人在俄罗斯叶卡捷琳堡举行首次正式会晤，标志着金砖国家合作机制的

---

① 黄茂兴、叶琪：《不确定的世界境遇下 G20 合作发展重点与趋势展望》，《东南学术》2023 年第 5 期。

产生。由此,"金砖"概念从一个商业投资术语开始向国际合作机制发生实质性转变。2011年,南非正式加入金砖合作机制,金砖四国(BRICs)成为金砖五国(BRICS)。2023年8月24日,金砖国家宣布扩员,沙特、埃及、阿联酋、阿根廷、伊朗、埃塞俄比亚获邀加入。至此,金砖国家合作机制的成员数量由5个增至11个。经过十多年的发展,金砖国家合作机制不断充实和完善,不但有力保障了金砖国家的可持续合作,而且对完善全球治理体系和构建人类命运共同体产生了积极意义。

2009年6月以来,金砖国家每年轮流在成员国举行领导人正式会晤。2022年6月,中国成功主办金砖国家领导人第十四次会晤。为配合领导人会晤,金砖国家建立起安全事务高级代表会晤、联大外长会晤、常驻多边机构使节非正式会晤,以及在二十国集团框架内的财长和央行行长会晤等一系列部长级会晤机制。同时,金砖国家还在金融、工商、智库、统计、农业、公共卫生、科技、教育、友好城市、媒体、政党等多个领域建立了富有成效的务实合作机制。

早在2013年,习近平主席就强调要"把金砖国家合作机制建设好"。2014年,习近平主席在出席金砖国家领导人福塔莱萨会晤时提出"开放、包容、合作、共赢"的"金砖合作伙伴精神",成为金砖国家合作的价值引领。2017年,中国作为金砖国家轮值主席国,积极推动金砖国家人文交流走向机制化。同时,中国还创造性提出了"金砖+"合作模式,使金砖合作机制更具包容性和代表性。2022年,中国开创性地举行了"金砖+"外长对话会,推动金砖合作机制成为最具影响力的南南合作平台。中国作为金砖国家成员,

第四章
新时代新征程继续践行亲仁善邻

高度重视金砖合作机制建设,参与了几乎所有金砖合作机制的创建和完善,不但提出新倡议和新方案,而且采取行动,切实推进金砖国家务实合作。中国是首个向新开发银行项目准备基金出资的创始成员国。中国不但积极参与了金砖新开发银行和应急储备安排的筹备和创制,而且努力建设好、维护好、发展好这两个新兴国际金融机构。在新开发银行的股权分配和治理结构问题上,中国不利用自身绝对经济优势来谋求一票否决权,而是坚持平等原则,做到五个创始成员国"等额出资""均等地享有话语权"。为使银行更好运营,上海市政府在浦东新区出资建造了新开发银行永久总部大楼,并于2021年实现正式交接。

2021年,中国正式成立金砖国家疫苗研发中国中心,更好地与金砖国家共同抗击疫情,积极推进金砖五国的疫苗联合研发和试验、合作建厂、授权生产、标准互认等工作。为加快推动金砖国家新工业革命伙伴关系建设,中国在福建厦门市成立了金砖国家新工业革命伙伴关系创新基地,在政策协调、人才培养、项目开发等领域加强合作,打造创新金砖合作的"试验田"和"桥头堡"。

2022年,中国作为金砖国家轮值主席国,举办了工业互联网与数字制造发展论坛、可持续发展大数据论坛,达成数字经济伙伴关系框架,发布制造业数字化转型合作倡议,建立技术转移中心网络、航天合作机制等成果,助力五国产业政策的对接。

中国提出"金砖+"合作模式,推动金砖国家新工业革命伙伴关系建设,使金砖伙伴关系的受益范围更广,不断增强新兴市场国家和发展中国家在全球事务中的代表性和发言权。作为具有重大国际影响力的新兴市场和发展中大国,金砖国家始终是国际事务中的积极、向上、建设性的力量。

三、高质量共建"一带一路"

构建人类命运共同体,是为了造福各国人民,促进世界和平,实现共同繁荣和发展。共建"一带一路"是对中国与世界实现开放共赢路径的顶层设计,是推动构建人类命运共同体的实践平台。顺应时代要求和各国加快发展的愿望,积极推动高质量共建"一带一路",各国人民得以共享世界发展成果。

"一带一路"倡议根植历史,更面向未来;源于中国,更属于世界。2013年,习近平总书记提出了共同建设"丝绸之路经济带"和"21世纪海上丝绸之路"的倡议,受到国际社会普遍欢迎。共建"一带一路",秉持共商共建共享原则,坚持开放、绿色、廉洁理念,以高标准、可持续、惠民生为目标,全面推进政策沟通、设施联通、贸易畅通、资金融通、民心相通,努力建设和平之路、繁荣之路、开放之路、绿色之路、创新之路、文明之路。这一倡议的核心内涵,是促进基础设施建设和互联互通,加强经济政策协调和发展战略对接,促进协同联动发展,实现共同繁荣。这一倡议的最高目标,是在国际合作框架内,各方携手应对世界经济面临的挑战,把握发展新机遇,谋求发展新动力,拓展发展新空间,实现优势互补、互利共赢,不断朝着人类命运共同体方向迈进。

共建"一带一路"追求的是发展,崇尚的是共赢,传递的是希

第四章
新时代新征程继续践行亲仁善邻

望。共建"一带一路",是经济合作倡议,不是搞地缘政治联盟或军事同盟,不针对谁也不排除谁;是开放包容进程,不是关起门来搞小圈子或者"中国俱乐部";是中国同世界共享机遇、共谋发展的阳光大道,不是这样那样的所谓"陷阱",不以意识形态划界,不搞零和游戏。"一带一路"建设跨越不同地域、不同发展阶段、不同文明,是各方共同打造的国际公共产品,是世界各国人民携手迈向人类命运共同体的康庄大道。

共建"一带一路"是造福共建各国人民的大事业。经过中国和共建国家的持续努力,"一带一路"倡议从夯基垒台、立柱架梁到落地生根持久发展,给共建国家和地区带来了实实在在的利益。我们推动把基础设施"硬联通"作为重要方向,把规则标准"软联通"作为重要支撑,把同共建国家人民"心联通"作为重要基础,取得实打实、沉甸甸的成就。通过共建"一带一路",各区域提高了开放水平,拓展了对外开放领域,推动了制度开放,构建了广泛的朋友圈,探索了促进共同发展的新路子,实现了共建国家的互利共赢。"一带一路"建设完成了总体布局,绘就了一幅"大写意",正在合力绘制精谨细腻的"工笔画"。

(一)战略规划与立柱架梁阶段(2013—2018年)

2016年推进"一带一路"建设工作座谈会中,习近平总书记充分肯定三年来"'一带一路'建设从无到有、由点及面,进度和成果超出预期",将"一带一路"建设明确与京津冀协同发展、长江经济带发展并列为三大发展战略,强调2014年通过的《丝绸之路经济带和21世纪海上丝绸之路建设战略规划》与2015年对外发布的《推动共建丝绸之路经济带和21世纪海上丝绸之路的愿景与行动》的重要性,提出切实推进思想统一、规划落实、统筹协调、项目落地、金融创新、民心相通、舆论宣传、安全保障等"一带一路"建设的具体要求。2017年,"一带一路"国际合作高峰论坛上,习近平主席充分肯定过去四年在政策沟通、设施联通、贸易畅通、资金融通、民心相通方面的重要进展,对到京参会的100多国嘉宾表示,要将"一带一路"建成和平之路、繁荣之路、开放之路、创新之路、文明之路,还提出一系列务实的经贸、投资、援助、科创、机构合作措施。习近平主席表示:"'一带一路'建设植根于丝绸之路的历史土壤,重点面向亚欧非大陆,同时向所有朋友开放。不论来自亚洲、欧洲,还是非洲、美洲,都是'一带一路'建设国际合作的伙伴。"至此,具有"六廊六路多国多港"的"一带一路"互联互通大体架构对外基本成形。

(二)高质量共建阶段(2018—2023年)

与党的十九大报告中提出的"我国经济已由高速增长阶段转向高质量发展阶段"重要论断相呼应,在2018年推进"一带一路"建设工作5周年座谈会上,习近平总书记首次明确指出,经过夯基垒台、立柱架梁的5年,共建"一带一路"正在向落地生根、持久发展的阶段迈进。推动共建"一带一路"向高质量发展转变,这是下一阶段推进共建"一带一路"工作的基本要求。他还强调,要从完成总体布局"大写意"到绘制精谨细腻的"工笔画"转变,需要在项目建设、开拓市场、金融保障等方面下功夫。在2019年第二届"一带一路"国际合作高峰论坛上，习近平主席对外清晰讲述"秉持共商共建共享原则""坚持开放、绿色、廉洁理念""实现高标准、惠民生、可持续目标"等高质量发展的方向，还就如何"构建全球互联互通伙伴关系，实现共同发展繁荣"和下一步中国将采取的一系列重大改革开放举措做了详细的说明。在2021年第三次"一带一路"建设座谈会上，习近平总书记强调要完整、准确、全面贯彻新发展理念，努力实现更高合作水平、更高投入效益、更高供给质量、更高发展韧性，完善陆、海、天、网"四位一体"互联互通布局，稳妥开展健康、绿色、数字、创新等新领域合作，要探索建立境外项目风险的全天候预警评估综合服务平台，推动共建"一带一路"高质量发展不断取得新成效。2021年博鳌亚洲论坛年会以"世界大变局：共襄全球治理盛举，合奏'一带一路'强音"为主题，习近平主席在开幕式主旨演讲中重申："面向未来，我们将同各方继续高质量共建'一带一路'。"

在这一阶段，2018年起中国连续主办5届国际进口博览会，2020年1月1日起《外商投资法》施行，2021年宣布不再新建境外煤电项目……随着一系列重大举措的出台，高质量共建"一带一路"逐步走深走实，并作为中国进入新发展阶段、贯彻新发展理念、构建新发展格局的重要全球构想被逐渐确定下来。

（三）共建"一带一路"未来十年（2023年以后）

2023年正值共建"一带一路"倡议提出十周年。在第三届"一带一路"国际合作高峰论坛开幕式上，习近平主席发表题为《建设开放包容、互联互通、共同发展的世界》的主旨演讲，宣布了支持高质量共建"一带一路"八项行动。论坛发表了主席声明，并形成了458项成果，包括一份多边合作成果文件清单和一份务实合作项目清单，是共建"一带一路"进程中又一个重要的里程碑，巩固了共建"一带一路"的国际共识，丰富了共建"一带一路"的合作成果，拓展了共建"一带一路"的光明前景，在变乱交织的百年变局中，释放出团结合作开放共赢的重要信号。论坛发布了《共建"一带一路"：构建人类命运共同体的重大实践》《坚定不移推进共建"一带一路"高质量发展走深走实的愿景与行动——共建"一带一路"未来十年发展展望》等白皮书和研究报告，向国际社会全面展现共建"一带一路"取得的重大历史性成就，明确未来金色十年发展举措。

第三届"一带一路"国际合作高峰论坛的主要成果体现在深化互联互通合作、推动绿色发展、提升数字经济等多个方面，这些成果对于深化我国与相关国家和国际组织的政治互信、经济互融、人文互通有着重要意义。十年来，共建"一带一路"成果丰硕，朋友圈越来越大，充分证明"一带一路"不搞封闭狭隘的小圈子，超越了地缘博弈旧思维，开创了国际合作新范式，是真正惠及各国人民的"发展带""幸福路"。面向未来，要正确认识和把握共建"一带一路"面临的新形势，不断夯实发展根基，稳步拓展合作新领域，全面强化风险防控，注重加强统筹协调，更好服务构建新发展格局，推动共建"一带一路"沿着高质量发展方向不断前进。只要各方树立人类命运共同体理念，一起来规划，一起来实践，共同把"一带一路"这条造福世界的幸福之路铺得更宽更远构建人类命运共同体的目标就一定能够实现。

第三节 开创中国特色大国外交新局面

一、大国关系：主动塑造、迎难而上

亲仁善邻，是中国自古以来的传统。党的十八大以来，以习近平同志为核心的党中央，深刻把握新时代中国与世界发展大势，在对外工作中进行一系列的重大理论和实践创新。党的二十大报告指出，我们不断完善了外交总体布局，积极建设覆盖全球的伙伴关系网络，推动构建新型国际关系与人类命运共同体，我国国际影响力、感召力、塑造力显著提升。这是全面推进中国特色大国外交的结果，中国特色大国外交是对传统外交思想中亲仁善邻思想的继承、发展，是对中国传统外交思想的集中体现与历史性延伸。当代中国外交以中华优秀传统外交文化为根基，立足国际国内两大变局，以和平发展为外交底色，以"亲仁善邻"为外交文化，以"和合共生""世界大同"为价值追求，形成了具有中国鲜明特色的外交之道。

中国外交继续维持总体稳定的大国关系框架。中国对美国以斗争促合作，深刻影响国际格局的演变。中俄关系保持良好发展势头，新时代全面战略协作伙伴关系深入发展。中欧关系延续开放合作势头，为世界注入稳定性和正能量。中国从对世界、对历史负责的高度，积极推动构建和平共处、总体稳定、均衡发展的大国关系格局。

（一）推动中美关系健康稳定发展

自 2018 年 3 月特朗普宣布将对中国采取贸易措施以来，中美关系遭遇极大挑战。美国政府 2020 年 5 月 20 日发布题为《美国对中国战略方针》的对华战略报告，宣布以"有原则的现实主义"与中国展开战略竞争。美国前国务卿蓬佩奥同年 7 月 23 日发表对华"新铁幕演说"时宣称，尼克松开启的对华接触政策已经失败，并表示美国将领导世界改变中国。7 月 24 日，中国宣布关闭美国驻成都总领馆，以对美国此前要求关停中国驻休斯敦总领馆进行对等反制。中美关系由此走入"死胡同"，双边关系"自由落体式"下降趋势难以扭转。中美两国从经济、科技、政治外交到军事，展现全方位、多战线的竞争新态势，且更趋白热化与台面化。

中国坚决维护国家核心利益。2022 年，美国变本加厉介入台海事务，对中美关系造成严重损害。针对美国不断打"台湾牌"的动作，中方及时有力反应，强调底线红线，采取一系列应对和反制措施，坚决维护国家利益，中方强调一个中国原则是中美关系的政治基础，也是中美三个联合公报的核心内涵。任何搞"以台制华"、支持纵容"台独"分裂势力的图谋只会进一步加剧台海紧张局势，进一步冲击中美关系政治基础。

中国有力抵制美方战略围堵企图。2022 年，美国对华政策呈现

第四章
新时代新征程继续践行亲仁善邻

明显负面动向。针对美方战略意图和对华围堵目标，中国坚决抵制美错误对华政策，推动探索中美两个大国正确相处之道。

元首间进行坦诚深入交流是两国避免误判的重要基础。2022年11月，中美元首在巴厘岛举行三年来首次面对面会晤。中方主动塑造中美关系未来走向。中方强调，应从把握世界大势的高度看待和处理中美关系，摒弃你输我赢、你兴我衰的零和博弈思维，确立对话而非对抗、双赢而非零和的交往基调，坚持相互尊重、和平共处、合作共赢，共同确保中美关系沿着正确航向前行，不偏航，不失速，更不能相撞。中方鲜明指出，双方应该相互尊重，互惠互利，着眼大局，为合作提供必要氛围和稳定关系。

中国有效应对美国"脱钩断链"。关于关税问题，中方的立场是一贯的、明确的。2022年7月，刘鹤副总理与美国财政部部长耶伦通话。中方表达了对美国取消对华加征关税和制裁、公平对待中国企业等问题的关切。12月，中国在世贸组织对美国对华芯片等出口管制措施提起诉讼。商务部在官网发布答记者问表示，美方近年来不断泛化国家安全概念，滥用出口管制措施，阻碍芯片等产品的正常国际贸易，威胁全球产业链供应链稳定，破坏国际经贸秩序，违反国际经贸规则，违背基本经济规律，损害全球和平发展利益，是典型的贸易保护主义做法。中方在世贸组织提起诉讼，是通过法律手段解决中方关注的问题，是捍卫自身合法权益的必要方式。

（二）深化中俄新时代全面战略协作伙伴关系

俄罗斯是大国，也是中国的邻国，在中国的外交全局中占有重要地位。冷战后中国与俄罗斯建立了睦邻友好与全面战略协作伙伴关系，树立了大国关系和邻国关系的典范，为中国同美国等大国构建新型大国关系和人类命运共同体提供了示范和借鉴。进入21世纪以来，中俄关系不断深化，特别是在两国新一代领导人的战略引领下，中俄关系步入全面战略协作伙伴关系的新阶段，并持续在高水平运行。中俄两国高层对话渠道畅通，为双边合作的深化发挥了顶层设计和战略引领作用。截至2023年10月，习近平主席9次访俄，加上在国际场合见面，两国元首之间的会晤多达40次，仅在2017年一年内就有5次会晤。"圣安德烈"勋章和"友谊勋章"的赠送，代表了两国人民的崇高敬意，更象征着两个伟大民族的深厚友谊。中俄最高领导人密集沟通、对表，就双边关系中的核心问题密切交流，就全球战略稳定的重大问题紧密协作，就欧亚地区发展战略深度对接，引领中俄战略协作水平不断提高。在密集的元首外交的引领下，中俄政治和战略互信不断加深，为两国关系平稳发展指明了战略方向，奠定了基础。两国政治高层之间全面而密切、坦诚而有效的直接交往，为新时代中俄全面战略协作伙伴关系发展作出重要引领和铺垫。

在中俄两国元首的顶层设计和战略引领之下，中俄之间建立起多层次、全领域的政府间合作机制。除元首定期会晤机制外，中俄建立了总理、议长、外长、党际之间等多层次定期会晤机制，以及战略安全磋商、两办主任磋商、执法安全合作机制等，几十个合作委员会或工作组不断取得新成果，合作内涵日益丰富。自中俄总理定期会晤机制建立以来，5个副总理级政府间合作委员会高效运行，

第四章
新时代新征程继续践行亲仁善邻

推进两国在经贸、投资、能源、人文、地方等领域务实合作不断深化。中俄政府间互访被证明是既有效又有保障的国家间互动措施。两国高层和具体部门曾通过有效政策沟通协调，共同研究提出扩大投资合作的政策举措，快速促进双边贸易走出了2015—2016年的低迷状态。两国在2017年的总理会晤中共同拟定了数十项合作项目和任务，就相关领域的贸易与产业合作签署了一系列文件。增强两国贸易和投资合作是中俄元首、政府首脑及各层次的会晤和会议的一项重大核心议题，这也是中俄关系的政治经济学。两国议会交流机制化的实现有利于加强中俄战略协作、促进各领域务实合作，拓展了中俄关系的深度和广度。相应地，中国共产党与统一俄罗斯党定期对话机制会议和中俄政党论坛就两党自身建设和共同关心的重大问题展开深入交流，对完善各自国家治理、增强双边战略互信、加深两国务实合作发挥了积极作用。中俄两国地方合作的平台与机制不断创新。"长江—伏尔加河""东北—远东"两大区域性合作机制的建立，对于推进中俄毗邻及非毗邻地区合作具有重要作用，借"一带一路"的机遇实现了跨越式发展。中俄（贸易）博览会、中国—亚欧博览会、东方经济论坛等平台都为扩大地方和企业交流合作发挥了积极作用。

新时代以来，面对全球性动荡变革，中俄进一步深化互信，保持战略沟通，推进务实合作，两国关系保持良好发展势头。元首频密互动体现中俄关系高位运行，中俄保持战略沟通并增强互信，务实合作呈现积极态势。

（三）打造中欧和平、增长、改革、文明四大伙伴关系

新时代以来，在世界进入新的动荡变革期背景下，中欧作为世界多极化格局中的两支重要力量，保持了沟通和合作势头。中国与德国、法国、欧盟等方面开展互动，达成共识，为世界注入稳定性和正能量。

中欧均重视对话沟通。在新时代，对欧政党交往的力度和影响日益突出，具体表现是高层对话不断、团组来访频繁、专题研讨日益深入、实地考察越来越接地气、多边对话影响日益加大。2017年，中国共产党举办首届中国共产党与世界政党高层对话会，欧方政党积极参与，并强调对话会的成功举办显示了中国共产党高度的开放和自信，表明中国共产党重视对外交往以及愿意分享治党治国的经验。"一带一路"框架下的中欧政党交往日益显示活力，带动中欧政党交往不断跃上新台阶。上述政党交往有助于欧方深化对"一带一路"倡议的认知，增进人文交流和民心相通，促进务实合作的深度推进。欧洲有关国别政党、地区政党、欧洲议会党团对此予以积极肯定。为促进"一带一路"框架下的中国与中东欧国家合作，双方携手构建"中国—中东欧政党对话会"机制，努力推进政党对话平台、民间友好平台、文明互鉴平台、务实合作平台、青年交流平台等平台建设。对话会参与面很广，交流对话十分充分，从而产生了积极的政治、经济、社会等综合效应。

中欧经贸合作展现活力。中欧双边经贸合作取得飞跃性增长，中国海关总署数据显示，2020年中欧双边贸易额逆势增长4.4%，2021年双边贸易额更是达到8281亿美元，同比增长27.5%，中国连

第四章
新时代新征程继续践行亲仁善邻

续两年成为欧盟最大贸易伙伴;① 欧盟统计局发布的数据显示,2022年欧盟27国对华贸易额为8563亿欧元,较上年增长22.8%。其中,对华出口2303亿欧元,增长3.0%;自华进口6260亿欧元,增长32.1%。中国为欧盟第二大贸易伙伴、第一大进口来源地、第三大出口市场,占比分别为15.4%、20.8%和9.0%。② 在对外直接投资领域,中欧更是成为彼此重要的投资市场。③

2022年随着俄乌冲突爆发,全球发生了自20世纪两次石油危机之后最严重、最广泛和影响最深远的全球性能源危机,这给中欧经贸发展带来巨大挑战。但是,中欧牢固的经贸基础仍然有望继续推动中欧进一步加强双边经贸合作,促使中欧全面战略伙伴关系更上一个台阶。

2022年7月,第九次中欧经贸高层对话以视频会议形式举行。中欧双方围绕宏观经济、产业链工业链、贸易与投资、金融合作四个专题,进行了务实、坦诚、高效的讨论,交流富有建设性。双方就宏观经济政策协调、产业链供应链合作、世贸组织改革、扩大市场开放、中欧地理标志协定实施、动植物检验检疫、金融业双向开放和监管合作等达成一系列成果和共识。双方认为,世界政治经济形势正在发生深刻变化,健康稳定的中欧关系和中欧经贸关系有利于世界发展与繁荣。双方同意共同应对全球经济面临的挑战,加强

---

① 董一凡:《中欧经贸,坚持合作共赢不动摇》,《大众日报》2022年4月3日。
② 中华人民共和国商务部网站:《2022年欧中贸易增长22.8%》,http://eu.mofcom.gov.cn/article/zxha/tzwl/202302/20230203391446.shtml。
③ 中华人民共和国商务部网站:《2021年欧盟吸收外商直接投资1170亿欧元》,http://eu.mofcom.gov.cn/article/jmxw/202209/20220903346027.shtml。

宏观经济政策沟通协调，维护全球产业链供应链稳定，维护和加强以世贸组织为核心、以规则为基础的多边贸易体制，为企业创造更好的营商环境，进一步推进金融业双向开放和监管合作。德国总理朔尔茨11月访华时表示，愿同中方继续深化经贸合作，支持两国企业相互赴对方开展投资合作。法国总统马克龙11月在巴厘岛会见习近平主席时，建议深化中法经贸、航空、民用核能等领域合作，欢迎中国企业赴法国开展合作。

在百年变局和世纪疫情相互叠加、世界经济不稳定性和不确定性持续加剧的背景下，中欧经贸关系持续展现的强劲韧性和活力，以及相互市场开放与深化合作给双方带来的切实好处，仍将通过中国市场和供应链的保障能力极大助力新冠疫情和能源危机"双重影响"下的欧洲经济复苏，推动双边经贸关系进一步发展。[①]

二、周边外交：开拓进取、异彩纷呈

（一）构建新时代周边关系理念

新时代中国的大国外交以中华民族亲仁善邻、协和万邦的处世之道作为重要指引，坚持"睦邻、安邻、富邻"的友好政策，积极推动构建人类命运共同体。正如习近平总书记在博鳌亚洲论坛2013年年会开幕式上的主旨演讲中向亚洲、向世界庄严承诺的，"亲望亲好，邻望邻好"。中国将坚持与邻为善、以邻为伴，巩固睦邻友好，

---

① 中国国际问题研究院：《国际形势和中国外交蓝皮书2022—2023》，世界知识出版社2023年版，第276—279页。

第四章
新时代新征程继续践行亲仁善邻

深化互利合作，努力使自身发展更好惠及周边国家。

党的十八大以来，中国对发展与周边国家关系更加重视。2013年10月，中国首次召开周边外交工作座谈会，习近平总书记指出："无论从地理方位、自然环境还是相互关系看，周边对我国都具有极为重要的战略意义。思考周边问题、开展周边外交要有立体、多元、跨越时空的视角。"同时，他提出亲诚惠容理念，要坚持睦邻友好，守望相助；讲平等、重感情；常见面，多走动；多做得人心、暖人心的事，使周边国家对我们更友善、更亲近、更认同、更支持，增强亲和力、感召力、影响力。要诚心诚意对待周边国家，争取更多朋友和伙伴。要本着互惠互利的原则同周边国家开展合作，编织更加紧密的共同利益网络，把双方利益融合提升到更高水平，让周边国家得益于我国发展，使我国也从周边国家共同发展中获得裨益和助力。要倡导包容的思想，强调亚太之大容得下大家共同发展，以更加开放的胸襟和更加积极的态度促进地区合作。

（二）构建新时代周边关系实践

习近平总书记关于周边外交的重要论述，为中国周边外交实践提供了有力的理论支撑。在习近平外交思想指引下，新时代中国周边外交坚持正确义利观，践行"亲诚惠容"理念，倡导共同、综合、合作、可持续的新安全观，推动构建周边命运共同体不断走深、走实。

擘画周边战略蓝图，元首外交引领方向。党的十八大以来，以习近平同志为核心的党中央擘画中国外交战略蓝图，引领周边外交不断取得新进展。习近平总书记在周边外交工作座谈会上强调：思考周边问题、开展周边外交要有立体、多元、跨越时空的视角，做好新形势下周边外交工作，要从战略高度分析和处理问题，提高驾驭全局、统筹谋划、操作实施能力，全面推进周边外交，我们要谋大势、讲战略、重运筹，把周边外交工作做得更好。此次会议对新时期中国周边外交具有里程碑意义，确定了未来一段时期周边外交工作的战略目标、基本方针、总体布局，提出了解决周边外交面临的诸多重大问题的工作思路和实施方案。习近平总书记践行中国同周边国家"重感情、常见面、多走动"的承诺，以政治家和战略家的宏大视野和战略思维，运筹帷幄，开拓创新，不断丰富元首外交的形式和内涵，突出周边在外交全局中的首要地位，加强对中国周边外交的政治引领，创新元首外交形式，利用多边平台拓展合作空间。通过同周边国家元首形成常态化、正式和非正式、双边和多边的会晤机制，习近平主席加深了与外国元首的个人友谊。邻国领导人之间的频繁沟通往来，凸显了邻里之亲，也促进了人民之间的交流，增进了相互认识与理解。

共建"一带一路"，深化互利共赢格局。中国愿意把自身发展同周边国家发展更紧密地结合起来，欢迎周边国家搭乘中国发展"快车""便车"，让中国发展成果更多惠及周边，让大家一起过上好日子。习近平主席努力寻找中国和周边国家互利合作的战略契合点，共同打造合作平台，推进区域融合发展。2013年，习近平主席先后访问哈萨克斯坦、印度尼西亚，分别提出共建"丝绸之路经济带"

第四章
新时代新征程继续践行亲仁善邻

和"21世纪海上丝绸之路"重大倡议。①"一带一路"倡议从周边出发,以建设六大经济走廊为骨架,推进和拓展周边合作,尤其是促进地区基础设施建设和互联互通。中国周边国家大多属于发展中国家,中亚、南亚和东南亚地区基础设施普遍相对落后,发展潜力大。在"一带一路"倡议下,大量资金和技术涌向该地区,极大加快了这些国家和地区交通设施和信息化建设。通过这些走廊建设,周边国家与中国共享了发展机遇,拓展了经贸、金融、交通等领域的合作空间。更为重要的是,"一带一路"倡议建构起全新的生产关系网络,推动共同发展,为区域一体化建设注入了强劲动力。中国同大多数周边国家签署了共建"一带一路"双边合作备忘录,共同制定了5年或10年的双边关系发展规划,确保合作的持续性和稳定性。当前,共建"一带一路"正在周边国家落地生根,中巴经济走廊、中缅"人字形"经济走廊等不断深化。

倡导新安全观,推进区域安全合作。中国同周边国家比邻而居,建设稳定良好的安全环境是各国的共同需求。中国作为发展中的大国,秉持什么样的区域安全观受到周边国家关注。习近平主席在2014年亚信上海峰会上对亚洲安全治理进行了深刻阐释,强调中国将同各方一道,积极倡导共同、综合、合作、可持续的亚洲安全观,就是"要尊重和保障每一个国家安全""要统筹维护传统领域和非传统领域安全""要通过对话合作促进各国和本地区安全""要发展和

---

① 习近平:《联通引领发展伙伴聚焦合作》,《人民日报》2014年11月9日。

安全并重以实现持久安全"。① 中国提出的新安全观为地区各国维护共同安全、化解矛盾风险、构建区域安全架构提供了新思路。在新安全观指导下，中国推进同周边国家的安全合作，深化合作机制建设，增进同周边国家战略互信。积极推动区域安全对话，参加区域安全合作机制，与地区国家共同制定安全规则，拓展非传统安全领域合作。

促进民心相通，强化民意基础。国之交在于民相亲，人民友好是促进世界和平发展的基础力量，也是巩固和发展中国同周边国家关系的基础。② 随着中国与周边国家经贸合作不断深化，中国和各国人民之间的联系与文化交流也更加紧密。教育可以说是民心相通最有影响力的抓手之一，"澜湄合作"项目为东南亚青年人到中国学习提供了机会。"澜沧号"列车这种基础设施的"硬连通"，还有留学教育带来的"软连通"，带来的更重要的是人与人之间的"心相通"。党的十八大以来，我们大力支持周边国家的人文交流，广泛开展教育、医疗、科技、文化等各个领域的合作，就是努力架设一座一座民心相通的桥梁。随着中国与周边国家经贸合作的不断深化，中国和各国人民之间的联系与文化的交流也更加紧密。社会人文层面的交流，增进了中国与周边国家民众之间的认知与理解，为构建周边命运共同体奠定了深厚的民意基础。

---

① 习近平：《积极树立亚洲安全观 共创安全合作新局面》，《人民日报》2014年5月22日。

② 中国国际问题研究院：《国际形势和中国外交蓝皮书2022—2023》，世界知识出版社2023年版，第280—289、386—399页。

三、中国与发展中国家：真实亲诚、携手共进

进入新时代，随着中国综合国力的不断提升，发展中国家对中国的期待越来越高。习近平总书记在继承和发扬新中国外交传统的基础上，进一步明确提出要秉持正确的义利观。正确义利观是对国家主权原则的尊重、维护和有益补充，也是对西方现实主义国际关系理论狭隘国家利益观的超越，更是对见利忘义、损人利己的霸权行为的反对和否定。它强调在国际交往中，特别是在同发展中国家的交往与合作中，要坚持义利相兼、先义后利。这既是对中华优秀传统文化的弘扬，也是中国国际主义精神的体现，充分诠释了中国共产党及其领导下的中国政府在对外交往中为人类谋进步和幸福的基本价值追求，符合和平、发展、公平、正义等人类共同价值。

（一）开辟中非命运共同体建设新境界

非洲是发展中国家最集中的大陆，对非外交理念某种程度上也是中国对发展中国家和地区外交理念的集中体现。2013年3月，习近平主席在坦桑尼亚尼雷尔国际会议中心演讲时指出，"中非关系的本质特征是真诚友好、相互尊重、平等互利、共同发展"。中国进一步强调，"对待非洲朋友，我们讲一个'真'字"；"开展对非合作，我们讲一个'实'字"；"加强中非友好，我们讲一个'亲'字"；"解决合作中的问题，我们讲一个'诚'字"。这明确体现了中非交往所秉持的基本准则。"真"就是交真朋友，在彼此核心利益和重大关切问题上相互理解和支持。"实"就是一要落实，践行承诺，

不折不扣地将对非洲和发展中国家的援助和合作落到实处；二要实际，在与非洲和发展中国家合作中要讲究实际，取得实效。"亲"就是重视民心沟通，加强人文交流，夯实民意基础。"诚"就是坦诚相见，不同国家的发展阶段和历史文化背景不同，必然存在认知差异，因此对不同看法和认识要加强沟通，本着相互尊重、合作共赢的精神加以解决。在"真、实、亲、诚"理念和方针指导下，中非关系不断取得新进展。

中非双方高度信任，中非友谊坚如磐石。中国致力于不断巩固中非政治互信，深化各领域务实合作，为非洲和平与发展提供力所能及的帮助，中国对非合作一直走在国际对非合作的前列。经过几十年辛勤浇灌，中非合作枝繁叶茂，成长为参天大树，任何力量都无法撼动。当前，中非关系处于历史最好时期，中非合作成果遍布非洲大地，改善了非洲经济社会发展条件，给双方人民带来了实实在在的好处。

一是政治互信持续深化。新中国成立以来，无论国际风云如何变幻，中国和非洲国家始终是风雨同舟的好朋友、休戚与共的好伙伴、肝胆相照的好兄弟。2006年中非合作论坛北京峰会确立中非新型战略伙伴关系。2015年中非合作论坛约翰内斯堡峰会确立中非全面战略合作伙伴关系。2018年中非合作论坛北京峰会确定构建更加紧密的中非命运共同体，推动中非关系进入历史最好时期。

二是经济合作迅速发展。中国在实现自身发展的进程中，始终关注和支持非洲国家改善民生、谋求发展的事业。进入新时代，中国在力所能及的基础上不断加大对非援助。2013年至2018年，中

第四章
新时代新征程继续践行亲仁善邻

国对外援助金额为2702亿元人民币,其中对非洲国家的援助占比为44.65%,包括无偿援助、无息贷款和优惠贷款。2000年至2020年,中国帮助非洲建成的公路铁路超过13000公里,建设了80多个大型电力设施,援建了130多个医疗设施、45个体育馆、170多所学校,为非洲培训各领域人才共计16万余名,打造了非盟会议中心等一系列中非合作"金字招牌",涉及经济社会生活的方方面面,受到非洲国家政府和人民的广泛欢迎和支持。中国已宣布免除与中国有外交关系的非洲最不发达国家、重债穷国、内陆发展中国家、小岛屿发展中国家截至2018年底到期未偿还政府间无息贷款。新冠疫情发生后,中国宣布免除15个非洲国家2020年底到期的无息贷款债务。

三是社会合作方兴未艾。中国积极同非洲开展减贫、卫生、教育、科技、环保、气候变化、青年妇女交流等社会领域合作,通过加强交流、提供援助、分享社会发展经验,帮助非洲国家提高社会综合发展水平,为非洲经济发展创造内生动力。

2024年9月4日至6日,中非合作论坛峰会在北京成功召开。这是世界百年变局加速演进背景下,我国面向非洲和发展中国家开展的一次重大外交行动,也是践行习近平新时代中国特色社会主义思想特别是习近平外交思想的一次成功实践,意义重大,影响深远。习近平总书记亲力亲为,密集开展40多场双多边活动,出席峰会开幕式并发表主旨讲话。峰会还围绕治国理政、工业化和农业现代化、和平安全、高质量共建"一带一路"议题举行4场高级别会议,召开上千名人士参加的中非企业家大会。峰会期间,中非领导人围绕"携手推进现代化,共筑高水平中非命运共同体"主题,共叙传统友谊，共谋治理之策，共商合作大计，达成了广泛共识，取得了丰硕成果。中非双方一致通过了具有鲜明时代特色的《关于共筑新时代全天候中非命运共同体的北京宣言》和《中非合作论坛—北京行动计划（2025—2027）》两份重要成果文件，将中非关系定位整体提升到新时代全天候中非命运共同体的战略高度。构建人类命运共同体是习近平外交思想的核心理念。习近平总书记曾多次指出中非历来是命运共同体，亲自推动中非命运共同体的建设。这些年来，命运共同体的理念不断深入非洲各国人心，获得非洲各界高度赞赏。中非关系提升为新时代全天候中非命运共同体，是人类命运共同体首次在一个大陆达到"全天候"层级，翻开了中非友好的全新一页。

当前，全球治理体系和国际秩序变革加速推进，国际力量对比深度调整，世界各国的命运紧密相连。站在历史的又一个十字路口，中非更加需要巩固伙伴关系，构建新时代中非命运共同体。双方将坚定不移深化传统友好，坚定不移推进互利合作，坚定不移维护共同利益，继续发挥中非合作论坛引领作用，推动"一带一路"建设走实走深，不断推动中非全面战略合作伙伴关系向更高层次、更广领域发展，共同创造中非合作更加美好的明天。

（二）中阿命运共同体建设跑出加速度

党的十八大以来，多边机制成为构建人类命运共同体、推动高质量共建"一带一路"的重要合作平台。阿拉伯国家在地理上连成一片，面积1300万平方公里，横跨亚非两大洲，连通印度洋和大西洋，扼守东西方海上交通要道，是推动构建人类命运共同体的天然

第四章
新时代新征程继续践行亲仁善邻

伙伴。在百年未有之大变局下,作为多极格局中的重要战略板块,阿拉伯国家战略自主性增强,国际影响力不断提升。2022年12月,习近平主席访问沙特,出席在利雅得召开的首届中国—阿拉伯国家峰会和首届中国—海湾阿拉伯国家合作委员会峰会,并在中阿峰会开幕式上发表《弘扬中阿友好精神 携手构建面向新时代的中阿命运共同体》重要主旨讲话。习近平主席指出,中阿互利共赢,树立了南南合作典范,双方已在中阿合作论坛框架内成功建立17项合作机制。中阿峰会对于新时代中阿合作论坛建设起到纲举目张的引领作用,机制建设则对于推动构建中阿命运共同体具有重要价值和积极意义。

中国和阿拉伯国家以构建命运共同体为目标,以多边机制为框架,持续深化在政治、经贸、高科技和人文四大领域的合作。首先,在政治层面,中国利用多边机制构筑中阿伙伴关系网,深化同阿尔及利亚、埃及、沙特和阿联酋的全面战略伙伴关系,以及同卡塔尔、约旦、伊拉克、摩洛哥、苏丹、吉布提、阿曼、科威特等国的战略伙伴关系。中国与海合会战略伙伴关系及对话机制不断完善;中国设立中东问题特使、叙利亚问题特使、非洲之角事务特使、中阿合作论坛事务大使和驻伊斯兰合作组织代表等职位,夯实了中阿政治合作的基础。中阿在联合国和国际舞台上倡导多边主义、反对单边主义,坚持不干涉内政原则,尊重各国自主选择发展道路,呼吁通过对话磋商和平解决中东争端。中阿双方利用多边合作机制打击极端主义、分裂势力和恐怖主义,反对将恐怖主义与特定民族和宗教相挂钩,反对将人权问题"政治化"和制裁手段"武器化"。中阿在巴以、叙利亚、也门、利比亚、索马里、黎巴嫩、乌克兰危机等问题上保持磋商，深化了在解决地区热点问题上的合作。其次，在经贸层面，中阿加强在基础设施建设领域的合作，助力阿拉伯国家改善民生。中阿在产业园区领域通过务实合作促进阿拉伯国家陆上与海上、城市与乡村统筹协调发展；中阿以民生为本，促进民生问题的综合治理。中阿积极加强金融合作，如中投公司和"丝路基金"对接阿拉伯国家主权财富基金，扩大本币互换的范围等。阿盟成为中国最大的原油供应方，中国是阿盟第一大贸易伙伴国。最后，在高科技层面，中阿共同加强"太空""网络""绿色""数字"丝绸之路建设，促进网络基础设施、大数据、云计算、人工智能、电子商务等新基建领域合作，共同抢抓第四次工业革命的机遇。

中阿在政治、经贸、高科技、人文领域合作成果丰硕，在其他领域的合作正在不断加强，这为推动构建中阿命运共同体奠定了基础。展望未来，中阿双方需要在新的历史起点再出发，从顺势到谋势，提升战略协作的主动塑造能力和抗风险能力，深化在地区安全、治国理政、全球治理等方面的合作。正如习近平主席所言，守望相助是中阿友好的鲜明特征，平等互利是中阿友好的不竭动力，包容互鉴是中阿友好的价值取向。

（三）中拉命运共同体建设成果丰硕

党的十八大以来，中国立足于中拉交往的历史基础和中拉各自发展的现实需要，积极推进"中拉全面合作伙伴关系"的提质升级，并从中拉人民团结共进、中拉文明互鉴共荣的历史高度提出"构建

第四章
新时代新征程继续践行亲仁善邻

中拉命运共同体"的良好愿景,中拉交往呈现"五位一体"新格局,中拉关系步入平等、互利、创新、开放、惠民的新时代。

信守共同价值是中拉命运与共的道义基础。面对动荡的国际局势,中拉坚持以和平方式解决争端,反对使用或威胁使用武力解决争议,反对违反国际法和《联合国宪章》、威胁主权和稳定的单边胁迫措施。面对严苛的发展约束,中国提出全球发展倡议,并积极推动中拉发展互鉴。中拉携手应对发展挑战,有助于双方加快落实联合国2030年可持续发展议程,为实现更加强劲、绿色、健康的全球发展贡献力量。面对失衡的国际格局,中拉倡导构建相互尊重、公平正义、合作共赢的新型国际关系,共同塑造更加公正合理的韧性世界。面对人民对美好生活的向往,中拉共同致力于在发展中保护和促进人权,增进人民福祉,促进民心相通,让中拉关系发展更好体现人民意愿。面对新冠疫情,中国本着生命至上的原则,同拉美国家开展广泛的抗疫和疫苗合作,帮助拉美国家提升卫生治理能力,为构建中拉卫生健康共同体献策献力。中拉共同呼吁,应确保发展中国家公正、平等、及时、支持、可负担地获得作为全球公共产品的新冠疫苗和相关药品,应以科学为基础开展疫情溯源合作,反对政治化。

作为发展中国家和新兴经济体,中拉双方不仅没有历史纠葛和根本利益冲突,还拥有共同的政治诉求,相似的发展任务,互补性很强的经贸关系。党的十八大以来,中国关于"中拉命运共同体"建设的倡议得到拉美国家的积极响应。从双边到多边、从区域到次区域、从多领域到全方位,中拉各领域互利合作蓬勃发展,中拉利益交融更加紧密，中拉命运共同体理念更加深入人心，中拉团结互信达到前所未有的历史高度。

党的十八大以来，在习近平外交思想的指引下，中国对拉工作有序推进，中拉关系不断升级。2014年7月，习近平主席在中拉领导人会晤时提出，中拉应努力构建政治上真诚互信、经贸上合作共赢、人文上互学互鉴、国际事务中密切协作、整体合作和双边关系相互促进的中拉关系"五位一体"新格局，从而推动中拉全面合作伙伴关系再上新台阶。在中拉双方的共同努力下，中拉各领域务实合作深入推进，整体合作机制不断完善，中拉交往取得丰硕成果：一是政治互信不断深化，元首外交高潮迭起，双边关系固本扩基，党际交往开辟新局；二是经贸往来发展迅速，贸易规模持续扩大，金融投资更加多元；三是人文交流全面开花，交流活动异彩纷呈，合作项目有序推进；四是国际协作日益紧密，积极推动全球治理，共同维护多边主义；五是整体合作初具规模，整体合作水到渠成，中拉论坛持续发力。中拉论坛的成立标志着中拉关系进入双边合作与整体合作并行互促的新阶段，为构建中拉命运共同体提供了有力支撑，实现了中国同发展中国家整体合作机制的全覆盖，完善了中国外交的整体布局。当前，中拉关系正处于历史最好时期，站在了新的历史起点上。中拉携手共进具有更坚实的基础、更全面的条件和更广阔的前景。

四、政党外交：突出党性、机制创新

党的十八大以来，在习近平总书记关于党的对外工作的重要论述指引下，政党外交作为党的事业重要战线和国家总体外交的重要组成部分，在继承中发展、在开拓中前进、在创新中突破，既与国家总体外交紧密配合，相辅相成，又突出党的特点和属性，在党言党、在党为党，为不断推进中国特色社会主义伟大事业和党的建设新的伟大工程争取有利外部环境。

在 2018 年 6 月召开的中央外事工作会议上，习近平总书记指出，对外工作是一个系统工程，政党、政府、人大、政协、军队、地方、民间等要强化统筹协调，各有侧重，相互配合，形成党总揽全局、协调各方的对外工作大协同局面，确保党中央对外方针政策和战略部署落到实处。突出政党在对外工作中具体角色的首要地位，这在党的对外工作史上无疑是第一次，赋予了政党外交在国家总体外交中更加重要的地位。[①]

紧扣双重定位，突出党的属性，是党的十八大以来政党外交最鲜明的主题。

（一）密切配合重大外交议程，进一步提升在总体外交中的地位

党的十八大以来，中国外交在以习近平同志为核心的党中央领

---

① 余科杰：《二十大以后的中国特色政党外交》，《外交评论（外交学院学报）》2023 年第 3 期。

导下，攻坚克难，砥砺前行，开创性地推进中国特色大国外交，办成了不少大事难事，打赢了不少大仗硬仗，取得了历史性成就。在这一过程中，政党外交围绕国家外交主题，积极谋划，主动作为，特别是在推进全球治理、国际地区合作方面，充分发挥党际渠道优势，密切配合主办G20峰会、上海合作组织峰会等全球性、地区性合作组织领导人会议，以及宣介推广"一带一路"倡议等国家重大外交议程、外交任务，力度空前。2016年9月，G20峰会在杭州召开，习近平总书记在会上提出要完善全球经济治理，构建创新、活力、联动、包容的世界经济；10月，2016中国共产党与世界对话会在重庆召开，对话会以"全球经济治理创新：政党的主张和作为"为主题，吸引了来自50多个国家的70多个政党和政治组织领导人与会，既与G20杭州峰会相承接，又突出了政党特色，发挥了政党的政治引领作用。

考察党的十八大以来党的对外工作，可以发现，在推进诸如中国与金砖国家、非洲、拉美、中东欧国家等区域合作与国际合作中，相应的政党专题会、对话会、论坛等政党机制都与之密切配合。如中国与中东欧青年政治家论坛（2013年10月举办首届），中非政党理论研讨会（2015年举办首届），中国与湄公河国家政党对话会（2016年首次举办），中拉政党论坛（2016年12月举办首届），中国—阿拉伯国家政党对话会（2016年4月举办首届），金砖国家政党、智库和民间社会组织论坛（2017年9月举办首届），上合组织政党论坛（2018年5月举办首届），这些机制既是中国与中东欧国家、非洲、湄公河流域国家、拉美、阿拉伯国家、金砖国家、上合

第四章
新时代新征程继续践行亲仁善邻

组织国家政党党际交往的机制化渠道,又是中国与中东欧"16+1"合作机制、中非合作论坛、大湄公河次区域经济合作、中国与拉共体论坛、中国与阿拉伯国家合作论坛、金砖国家组织、上海合作组织这些政府间合作组织的有力补充,而这些组织几乎涵盖了目前中国与发展中国家的国际合作,在促进中国与这些地区国家关系方面,起到了重要的铺陈、配合、巩固、深化的作用。

习近平总书记提出"一带一路"倡议和构建人类命运共同体理念后,其国际沟通宣介阐释就成为中国外交的重要任务。在这一过程中,中联部作为"党的外交部",充分利用上述国际区域合作机制框架和领导人峰会,结合"一带一路"主题,举办与之平行的政党专题会议,或者创设相应的论坛机制,进行深入的沟通交流,这样既配合这些国际合作组织的外交议程,又宣传了"一带一路"等国际倡议。2015年10月,中联部以"重塑丝绸之路,促进共同发展"为主题,承办了亚洲政党丝绸之路专题会议,以深化亚洲及"一带一路"共建国家间的合作,32个国家的65个政党和政党组织的300余名代表参加了会议;在此基础上,进一步增设了中国—中亚政党论坛,以增进中亚国家对"一带一路"的了解。2016年4月,中联部又以"中阿共建命运共同体——政党使命"为主题,在银川举办了中国—阿拉伯国家政党对话会,主要围绕"道路选择与政治引领""和平稳定与国际反恐""'一带一路'与政党作用"等问题展开。2018年5月,上合组织政党论坛围绕凝聚政党智慧,弘扬上海精神,推动构建人类命运共同体主题达成多项共识。

党的十八大以后,政党外交还积极服务于诸如南海仲裁问题这样的外交争端解决。2016年南海仲裁争端发生以后，中联部充分发挥联系各国政党、政治组织的优势，深入开展国际社会工作，使120多个国家的240多个政党、政治组织公开支持我国在南海问题上的立场，有力配合了国家总体外交，从而大大提高了政党外交对国家总体外交的贡献率。

（二）突出党的属性和特点，更好服务于软实力建设

20世纪70年代末以后，随着党的对外方针政策的调整，政党外交不再像过去那样着重于单一政治议题，而是发展为政治、经贸、党建等方面的综合性议题。

早在2011年1月，习近平同志在纪念中联部建部60周年大会上，指示中联部要紧密结合加强和改进新形势下党的建设要求推进党的对外工作，加强对外国政党治党治国经验的比较研究，深化对共产党执政规律的认识。紧密结合提升党的国际形象的要求推进党的对外工作，广泛介绍我们党以人为本的执政理念，展示我们党的执政成就，增进国际社会对我们党的了解、尊重和认同。习近平同志强调党的对外工作既要服务于"硬实力"，更要服务于党的建设，服务于提升党的国际形象，服务于党的理念的宣传传播，服务于国家"软实力"建设，也就是政党外交要充分体现党的属性和要求。党的十八大以来的政党外交实践，无论是双边还是多边，都充分体现了这一点。

一是服务于党的建设。注重政党自身建设经验的交流，是党的十八大以后党际交往中十分鲜明的主题，这不仅体现在与越南共产

第四章
新时代新征程继续践行亲仁善邻

党、老挝人民革命党、古巴共产党、俄罗斯共产党等执政党或在野党的共产党交流中，而且与其他类型政党交流也经常涉及这一问题。例如，2013年4月全国党建研究会副会长高世琦率团访问瑞典期间，突出党建思想理论方面的交流；2013年10月，中俄执政党对话机制第四次会议，主题是"群众路线与新形势下党的现代化建设"；2014年11月，委内瑞拉统社党相继派出两批专题研修班访华，双方重点就经济规划和党建经验进行交流；2014年中联部先后两次与柬埔寨人民党举行以"做好群众工作，巩固执政基础"为主题的理论研讨会。柬人民党学习中共反腐败经验，把"照镜子、洗洗澡、除除尘、治治病"作为人民党党建工作总要求写入工作报告，参照中共强调的"老虎苍蝇一起打"，人民党则提出"大鱼小鱼一起抓"。2022年2月，非洲六姊妹党在中共的帮助下，联合建成了尼雷尔领导力学院，并围绕"实现什么样的发展、怎样实现发展"课题举办干部研修班。2022年11月2日，巴基斯坦穆盟（谢）主席、政府总理夏巴兹访华。夏巴兹表示，巴基斯坦各政党迫切期待加强与中国共产党的深入交流，学习中国的成功经验。希望中联部能通过组织巴中政党研讨会等方式，推进这方面工作。在国家治理与全球治理互促共进的时代，中共着眼于国家治理，积极参与全球治理，在协同推进国家治理与全球治理的同时不断加强自身建设，以自我革命引领和推动社会革命，把国家治理、政党治理和全球治理有机融合，形成人民至上、独立自主、发展主义、从严治党、胸怀天下的多层次、多维度治国理政经验体系。

二是利用双边、多边交往，通过各种政党论坛、研讨会、对话会，宣传党的思想理论、方针政策、重大理念，努力深化国际社会对中国特色社会主义新探索、新实践的理解和支持。对外致力于讲好"中国故事""中国共产党故事"，分享中国共产党的执政经验。2017年12月3日，首届中国共产党与世界政党高层对话会通过的《北京倡议》，习近平新时代中国特色社会主义思想等鲜明出现在文本中。2018年5月26—28日，中国共产党与世界政党高层对话会在深圳举行专题会议，包括"中国共产党的故事——习近平新时代中国特色社会主义思想在广东的实践"专题宣介会、纪念马克思诞辰200周年专题研讨会。2018年6月1—2日，来自45个国家和地区的66位共产党及左翼政党领导人和代表参观小岗村，并在这里出席中联部举办的第十九届"万寿论坛"。2017、2021、2023年，为宣介党的十九大、二十大精神，庆祝建党一百周年，先后举办三届"中国共产党与世界政党高层对话会/领导人峰会"，打造面向世界各国各类政党的机制性高端对话平台，促进世界各政党与中共深入对话及相互交流，彰显我大国大党的责任担当。其中，2021年峰会以线上线下结合的方式，吸引160多个国家的500多位政党和政治组织领导人参会，逾万名政党代表出席会议，可谓史无前例，绝无仅有，助力中共和中国的国际影响力提升。在2023年对话会上，继全球发展倡议、全球安全倡议之后，习近平总书记又提出全球文明倡议，倡导不同文明包容共存、交流互鉴，推动人类社会现代化进程，践行人类命运共同体理念。以上内容充分体现党的属性和要求，是党的十八大以来政党外交最鲜明的特色。

综上，党的十八大以来，在习近平外交思想及习近平总书记关于党的对外工作的重要论述指引下,中国共产党政党外交进一步实现了"四个提升",即由服务于国家"硬实力"建设向既服务于"硬实力"更服务于"软实力"建设的提升,由党际交往中淡化意识形态到旗帜鲜明地阐释宣介我党思想理念的转变,由单纯发展对外党际关系向推动党际关系与国际关系协同关联的突破,由单一双边机制向搭建中共与世界各类政党同台交流的综合性战略平台的跃进,理论和实践都取得重大发展,在国家总体外交中的地位不断加强,这是政党外交的又一次历史性跨越。

第四节　直面国际关系现实挑战

近年来,随着经济全球化的深入,国际秩序和全球治理体系深入变革,在百年未有之大变局的十字路口,中国为维护世界和平、促进共同发展贡献了中国智慧和中国方案。中国以大国的担当,为世界各国创造更多的发展机遇,让更多的民众共享美好生活,正是亲仁善邻的新时代表达。

习近平总书记指出,构建人类命运共同体,符合中华民族历来秉持的天下大同理念,符合中国人怀柔远人、和谐万邦的天下观。这一论断,指明了中华优秀传统文化是人类命运共同体理念的重要渊源。千百年来,经过中国人民的理论构建与躬体力行,追求天下之义、天下之利、天下之和,已升华为中华民族独特的精神标识,并为人类命运共同体理念提供了源源不断的智慧滋养。天下观是中国自古至今的国际战略观，心怀天下、以天下为己任、天下为公、天下大同等理念一直传承至今，为当下全球治理提供了有益启迪。

当前全球治理面临着严重的和平赤字、安全赤字、发展赤字和治理赤字，"四大赤字"各有侧重，相互关联。全球治理"四大赤字"是全球治理体系难以有效应对全球化带来的系列挑战，造成了国际秩序紊乱和全球治理"失灵"的现象和状态。如何解决这些世界难题，实现共赢共享，关乎世界各国的利益和人类的前途命运，中国为化解全球人类难题贡献中国智慧和中国方案。

一、破解"和平赤字"的中国努力

和平是人民的永恒期望。和平犹如空气和阳光，人们受益而不觉，失之则难存。尽管和平、发展、合作、共赢已经成为时代潮流，国际力量对比朝着有利于维护世界和平的方向发展，但世界仍然很不安宁，霸权主义、强权政治和新干涉主义有所上升，战火和战争的危险依然存在，局部动荡频繁发生，恐怖主义蔓延肆虐，这些都严重威胁或冲击人们生产生活环境的和平与安定。

中华民族历来爱好和平。中国人民对战争带来的苦难有着刻骨铭心的记忆，对和平有着孜孜不倦的追求，十分珍惜和平安定的生活，对其他民族类似遭遇感同身受，从而对全球和平赤字的存在及严重后果更加不能容忍，并为解决这个问题积极付出努力。

第四章
新时代新征程继续践行亲仁善邻

（一）促进思维方式的转变，夯实维护世界和平的思想根基

西方的二元对立思维及其一元论文明观不仅人为制造矛盾和对抗，将整个世界对立起来，而且沉浸于西方文明所取得的暂时优势，向其他地区输出西方"普世价值"和西式民主政治，导致一些发展中国家水土不服，冲突和暴力生长。"和羹之美，在于合异"。世界是多元的，文化是多样的，每种文明都有长处和优点，每种文明都应得到平等尊重。文明因交流而多彩，文明因互鉴而丰富。文明交流互鉴，是推动人类文明进步和世界和平发展的重要动力。以开放包容心态看待不同文明，促进彼此交流互鉴，也是破除二元对立思维、推动全球和平建设的必要心理准备。只有摒弃简单的文明比较和危险的敌我划分，承认世界多样性并包容彼此差异、互学互鉴，才能打破战争不断循环的诅咒。而包容互鉴需要打破偏见、平等相待，需要加强文明对话沟通、促进相互启迪，以交流化解分歧，以包容预防冲突，以多元对抗一元，为打造持久和平的和谐世界夯实思想根基。

强权至上的本质是利益至上，体现一种为了获利不择手段的价值观。在没有道义约束的情况下，暴力成为获取利益最便利可靠的手段。人们为了谋利而竞相武装自己，暴力和战争在所难免。强权至上的观念指导着西方国家的国际关系实践，为其实行强权政治、实施对外干涉提供逻辑合法性。西方国家凭借自身优势在国际上推行霸权主义，为谋取一己私利不顾国际规则和道义，恣意欺凌小国掠夺资源，挑战国际秩序，制造国际冲突，成为全球和平赤字的制

造者、扩大者和恶意拖欠者。追求利益是国家的天性，但"君子爱财，取之有道"，即使是在最缺少规范的国际社会中，也不能突破国际原则底线随意践踏他国主权。要想建立公正合理的国际秩序，消除国际冲突和暴力的土壤，营造持久和平环境，必须从思想上破除强权至上思维，树立正确义利观，以义为先、义利兼顾。只有义利兼顾才能义利兼得，只有义利平衡才能义利共赢。在自己谋发展求进步的同时，不否定他国的发展权利，以自己的发展为世界营造更多机会，坚持互利共赢共同繁荣，从根本上消除国际冲突，促进世界和平。

（二）坚持走和平发展道路，建设世界持久和平的坚强支柱

中华文明历来崇尚"以和邦国""和而不同""以和为贵"。天下太平、共享大同是中华民族绵延数千年的理想。历经苦难，中国人民珍惜和平，希望同世界各国一道共谋和平、共护和平、共享和平。中国自古倡导"强不执弱，富不侮贫"，深知"国虽大，好战必亡"的道理。中国从一个积贫积弱的国家发展成为世界第二大经济体，靠的不是对外军事扩张和殖民掠夺，而是人民勤劳、维护和平。中国的和平发展道路打破了西方"国强必霸"逻辑，不仅自己永远不称霸、永远不搞对外扩张，而且坚定反对霸权主义和强权政治，坚定地站在和平力量一边，谁搞霸权就反对谁，谁搞战争就反对谁。中国的和平发展道路还弘扬了以和平谈判解决国际争端的冲突化解之道。面对复杂的国际争端与冲突，武力干涉只能扬汤止沸，甚至

第四章
新时代新征程继续践行亲仁善邻

是火上浇油,以战止战只能越战越乱。对此,中国倡导在平等互利基础上进行谈判,以和平方式解决争端,推动联合国通过政治谈判解决地区冲突,敦促和倡导协商对话与和平解决朝韩问题、巴以冲突、印巴争端、两伊战争、海湾危机等国际冲突。进入新时代,中国维护世界和平的决心不会改变,坚定走和平发展道路的承诺也不会改变,中国为世界各国的和平发展树立了榜样,成为维护世界和平的中流砥柱。

构建全球伙伴关系是中国与世界各国开展对话协商和互利合作、开辟国家间交往新模式的创新探索,是中国在国际社会以"真心"换取"真心"的处世之道,能够有效化解矛盾分歧,促进世界和平稳定。其中,推进大国协调与合作,构建总体稳定、全面均衡的大国关系框架是避免大国结盟对抗的保证,是中国打破争霸战争的历史轮回、为世界和平发展提供稳定基础和战略保障而作出的巨大贡献。尤为重要的是,中美两国是维护世界稳定和全球秩序的压舱石,两国良性竞合有助于塑造和平繁荣的世界面貌,两国对抗冲突则将是世界和平发展的灾难。中美应坚持从战略高度和长远角度出发,遵循相互尊重、和平共处、合作共赢原则,恪守中美三个联合公报精神,担负全球大国责任,有效管理危机,共同探寻不同制度、不同文化、不同发展阶段的和平共处之道,造福两国和世界人民。

(三)维护联合国权威和核心作用,促进全球集体安全机制建设

联合国是全球集体安全的顶层设计,负有维护世界和平的特殊

责任。《联合国宪章》开篇即表明联合国成立之目的是"欲免后世再遭今代人类两度身历惨不堪言之战祸",明确了维护国际和平与安全的宗旨。在过去70余年中,联合国通过数千项安理会决议、开展近百个维和行动,为调解国际争端、预防国际冲突、打击恐怖犯罪作出重大贡献,在维护世界和平与安全方面发挥着核心作用,已经成为全球和平与发展的基石。国际社会必须尊重和维护联合国权威和地位,维护以联合国为核心的国际体系、以国际法为基础的国际秩序、以联合国宪章宗旨和原则为基础的国际关系基本准则,让联合国在促进人类和平与发展事业中发挥更为重要的作用。积极推动联合国改革,支持扩大发展中国家在国际事务中的代表性和发言权,使联合国所代表的国际和平与安全维护机制朝着更加公正合理的方向发展,强化全球集体安全机制,为维护世界持久和平夯实制度保障。

维护世界和平、加强国际冲突治理,还必须建立稳定、可持续的多层次战略对话与政策沟通机制,增强战略互信,避免因战略误判造成难以挽回的损失。通过加强信息情报分享和行动协调,提高各国对暴力和恐怖事件的预判预警预防能力,有效打击恐怖主义和国际犯罪。以经贸合作和人员交流塑造认同与共识,化解隔阂与对立,遏制战争与暴力冲突,共同为国际稳定与世界和平贡献力量。

(四)推动构建国际政治经济新秩序,创造全球持久和平的体系环境

霸权主义和强权政治是危害世界和平的毒瘤,是引发地区冲突

第四章
新时代新征程继续践行亲仁善邻

与战争、造成国际局势动荡的重要原因,反对超级大国的霸权主义,就是维护世界和平。霸权国家以蛮横强力向他国输出暴力与混乱,客观上助长了恐怖主义与分裂势力,不仅破坏他国稳定,而且散播地区动乱的种子。维护世界持久和平,必须反对一切霸权主义,必须尊重国家主权与平等,尊重他国自主选择发展模式和道路的自由与权利。只有主权平等得到维护,确保国家自主选择发展道路,才能强化反对霸权的国际力量,获得平息战乱、休养民生的机会。维护世界和平还必须团结一切可以团结的积极力量,加强沟通与合作,壮大反对霸权的力量和队伍,共同抵制强权政治与霸权干涉。

建设公正持久的和平就要促进全球均衡发展,"一带一路"倡议为实现全球共同繁荣、建立公正合理的新型国际秩序提供了难得机遇。"一带一路"倡议是开放性合作框架,是对和平合作、开放包容、互学互鉴、互利共赢的全球发展新模式的探索。中国将自身发展机遇拓展为世界机遇,通过"一带一路"合作机制建设促进生产要素有序流动、社会资源优化配置和参与国市场深度融合,世界各国共谋和平发展。"一带一路"倡议秉持共商共建共享原则,尊重各国自主选择,照顾各方舒适度,强调透明和开放,推动完善公正合理的国际经贸投资规则体系,有助于缓解全球发展失衡、缩小南北差距和数字鸿沟,从而促进国际分歧化解。"一带一路"倡议还通过互联互通建设,推动各国形成"讲信修睦、守望相助、心心相印"的民心相通,为化解民族偏见与隔阂奠定民意基础。

（五）培育持久和平的世界文化，推动构建人类命运共同体

战争与暴力是人类自身制造的深重灾难，不仅导致巨大物质损失与人员伤亡，而且散播仇恨、野蛮和偏见，荼毒人们思想，甚至滋生暴力文化，侵蚀人类安宁。如果不从根本上铲除暴力文化，世界将不会有真正和平。因此，加强和平文化教育、消除暴力文化是建设世界持久和平的重要路径。通过和平教育树立和平价值观、传播和平共处理念、培育和平文化是全人类共同使命。和平教育要贯彻非暴力、宽容和尊重生命的价值观，传授和平知识，培养实现和平的技能，内化和平共处理念，培育全球和平文化，从根源上消除暴力、促进和平。为强化和平教育效果，既需要加大和平研究和教育培训投入，加大和平思想宣传力度，推动和平理念深入人心，又需要大众媒体和相关学者担当和平报道责任，更需要国家以和平发展实践助力全球和平文化传播。

全球和平赤字是横亘在人类文明前进道路上的一座大山，构建人类命运共同体是根本破解的正道。面对暴力与冲突的蔓延，面对恐怖主义的肆虐，面对核战争与核毁灭的威胁，没有哪个国家和个人能够幸免。全人类只有形成命运与共理念，才能同心协力共同面对。人类命运共同体理念突出人类整体性，通过弘扬人类共同命运来呼唤人们心中对和平的深层渴望，将各国人民凝聚在"建设持久和平、普遍安全、共同繁荣、开放包容、清洁美丽的世界"旗帜下，为破解全球和平赤字，构筑人类持久和平指明了方向。它打破意识形态藩篱，超越文明冲突，摒弃分歧对抗，促进世界各国在和平中

第四章
新时代新征程继续践行亲仁善邻

谋发展、在发展中促和平，把每个民族、每个国家的前途命运紧紧联系在一起，为"把我们生于斯、长于斯的这个星球建成一个和睦的大家庭，把世界各国人民对美好生活的向往变成现实"奠定了坚实基础。[①]

二、破解"安全赤字"的中国探索

破解全球安全赤字，中国一直在积极探索，其中尤以中国倡导的全球安全倡议令人期待。2022年4月21日，习近平主席在博鳌亚洲论坛2022年年会开幕式上首次提出全球安全倡议。党的二十大报告明确指出："中国提出了全球发展倡议、全球安全倡议，愿同国际社会一道努力落实。"全球安全倡议核心要义包括：坚持共同、综合、合作、可持续的安全观，坚持尊重各国主权、领土完整，坚持遵守联合国宪章宗旨和原则，坚持重视各国合理安全关切，坚持通过对话协商以和平方式解决国家间的分歧和争端，坚持统筹维护传统领域和非传统领域安全等。这六个坚持构成了一个涵盖安全理念、安全原则和解决安全问题路径的相对完整的思想体系，旨在回答"世界需要什么样的安全理念、各国怎样实现共同安全"的课题，也为国际社会破解安全赤字提供新的安全理念和实践路径。

---

① 吴志成、李佳轩：《全球和平赤字治理与中国的责任担当》，《国家安全研究》2022年第1期。

（一）为达成全球安全合作提供新的安全理念

安全赤字的加剧很大程度上源于安全合作的缺失。传统大国安全理念的基本逻辑是"以权力寻求最大的安全"，在这种安全理念的框定下，安全合作的目的在于大国维持权力的优势地位而非实现普遍的安全。推进全球安全合作需要新的安全理念，这一理念既要以全球安全为归宿，又要照顾到各国合理的安全关切，特别是要摆脱以权力求安全的历史窠臼，这样才能有效推进世界普遍安全的国际集体行动。习近平主席2014年在亚信上海峰会首次提出新安全观，赢得了国际社会普遍认同和广泛支持，已经成为世界消弭安全赤字、破解安全难题的"金钥匙"。以"共同、综合、合作、可持续"为核心的新安全观，所要实现的目标是以合作的方式构建安全共同体，具体而言，各国在过程中追求合作安全，就结果而言旨在实现共同安全。这样新安全观视域下的安全就有了两个新内涵：一是安全是平等的，获得安全是国家平等权利的有机组成部分，跟国家权力的大小没有关系；二是安全是共同的，没有一个国家能够实现脱离世界安全的自身安全，一国的安全依托是促进国际安全，而不是依靠单纯的实力建设。这就使全球安全合作建立在各国平等的安全权利基础之上，不再追求国家间权力的差距，以合作实现真正的安全。在百年变局与世纪疫情交织叠加、战火阴云笼罩的今天，新安全观的意义更加凸显。各国应进一步推动铸剑为犁、安危与共的和平合作理念深植人心，对话而不对抗、结伴而不结盟、共赢而非零和的新型安全之路将越走越宽。

（二）为解决全球安全问题确立基本原则

坚持尊重各国主权、领土完整，是有效维护世界和平安宁的基本前提。主权原则是现代国际关系准则的基石。国家不分大小、强弱、贫富都是国际社会的平等一员，各国内政不容干涉，主权和尊严必须得到尊重，自主选择社会制度和发展道路的权利必须得到维护。历史反复告诫我们，唯我独尊、以强凌弱是动荡之因，丛林法则、强权逻辑是战乱之源。面对剧烈变化的世界，我们反对霸权侵犯主权，坚持主权独立平等，推动各国权利平等、机会平等、规则平等。

坚持重视各国合理安全关切，是有效维护世界和平安宁的重要原则。人类是不可分割的安全共同体。一国安全不能以损害他国安全为代价，地区安全也不能以强化甚至扩张军事集团来保障。各国的安全利益都是彼此平等的，也是相互依赖的。任何国家的正当合理安全关切都应得到重视和妥善解决，不应被长期忽视或系统性侵犯。应对全球安全挑战的长久之道在于秉持安全不可分割原则，重视彼此合理安全关切，构建均衡、有效、可持续的安全架构，从而实现普遍安全、共同安全。

坚持通过对话协商以和平方式解决国家间的分歧和争端，是有效维护世界和平安宁的必由之路。国际实践充分显示，战争和制裁都不是解决争端的根本之道，只有对话协商才是化解分歧的最有效途径。国际社会应旗帜鲜明支持一切有利于和平解决危机的努力，反对任何势力借机煽风点火、阻挠破坏和谈，各方共同致力于降温灭火、维稳劝和，鼓励冲突各方谈起来、谈下去，以对话建互信，以对话解纷争,以对话促安全。

解决安全问题的意义不仅仅在于削减安全赤字的存量,更关键的是有助于国家间战略互信的达成。为解决安全议题,全球安全倡议提出"坚持尊重各国主权、领土完整,坚持通过对话协商以和平方式解决国家间的分歧和争端"的原则。以相互尊重作为解决争端分歧的原则和出发点,并非新观点,但在当前却有新的时代含义:各国是荣辱与共的命运共同体,民族国家是基本单位,民族国家之间的合作依然是应对安全风险的有效方式。因此只有尊重各国核心的利益、平等的权利、文化的差异和发展的偏好,尊重各国作为民族国家的一切权利,国家间的安全矛盾与分歧才有可能得到彻底解决。而所有的尊重的一个必然推论就是,解决问题的方式要以对话协商的和平方式进行。这对于解决国家间存在的任何安全问题都富有借鉴意义。

(三)为构建全球安全治理体系指出方向

何谓全球安全治理体系?简单来讲,就是各国遵守基本的国际原则,合作应对各个安全领域的风险挑战。国家作为安全治理体系的行为体,重视其合理的安全关切,既是尊重它作为体系成员的基本权利,也为激励其参与安全治理提供了动力。规则原则是任何体系得以存续并运转的基础,全球安全治理涉及国际社会的每一个成员,当前能得到所有国际社会成员认可的就是"联合国宪章宗旨和原则",坚持这一原则本质上也是在保障所有成员利益的最大公约数。安全治理要指向具体的安全风险领域,全球安全倡议提出要坚持统筹维护传统领域和非传统领域安全，具有鲜明的时代性。当前传统安全威胁依然存在，尤其是大国竞争呈现出日趋激烈的态势，但要看到，在今天的全球风险里，尤以非传统安全威胁突出，它的跨国性、流动性、诱导性和持续性，成为各国面对的最大的共同安全挑战。如果说传统领域安全带来国家间的安全分歧，非传统领域安全则提供了国家间安全合作的契机。故此将这两个领域的安全统筹起来，不仅有助于解决安全赤字的问题，也为协调和促进国家间关系提供了平台。

全球安全赤字加剧折射出的并不是全球安全问题的失控，而是全球安全治理的滞后和大国国际责任的缺位。人类历史一再证明，没有和平，发展就是无源之水；没有安全，繁荣就是无本之木。全球安全倡议直面世界之变，回答时代之问，在坚持共同、综合、合作、可持续的安全观基础上，进一步推动构建均衡、有效、可持续的安全架构，为消弭国际冲突根源、实现世界长治久安、坚持多边主义、维护国际团结提供了新方向。中国的探索可谓一涓清流，其势虽尚小，但却汇聚了各国追求普遍安全的共同愿望，我们有理由相信这就是未来的世界潮流。①

三、破解"发展赤字"的中国智慧

世界面临的不稳定性、不确定性日益突出，全球发展赤字问题也愈加严峻。世界那么大，问题那么多，国际社会期待听到中国声

---

① 韩爱勇：《全球安全赤字及其破解的时代探索》，《国际关系研究》2022年第5期。

音、看到中国方案，中国不能缺席。作为最大的发展中国家，改革开放以来中国的发展成就举世瞩目，中国的发展模式成为目前最成功的非西方国家现代化道路。其实，当今世界发展面临的增长乏力、动能不足、生态失衡、贫困等难题，在中国发展过程中都曾经发生或正在应对和治理中，中国的发展是在不断解决各种问题中砥砺前行。中国有足够的智慧、能力和经验治理发展赤字，为国际社会应对发展挑战作出更大贡献。

（一）凝聚全球发展共识

面对全球发展的深层次矛盾和全球性挑战，面对利己主义、民粹主义思潮的肆虐和国家主义的强势回归，中国倡导世界各国凝聚全球发展共识，开展全球性发展合作。

第一，创新全球发展理念，夯实合作发展的思想基础。面对复杂的全球发展形势，中国秉持人类命运共同体理念，提出一系列推动全球发展的新观点。一是共商共建共享的治理观。"共商"强调治理主体的平等性，就是以平等协商的理念增强治理行为的可行性和透明性。"共建"突出治理过程的开放性，就是以开放包容的理念打破封闭排他的"小圈子"，形成推动发展的治理合力。"共享"体现治理目标的互利性，就是以合作共赢的理念打造公正普惠的全球发展格局。二是创新、开放、联动、包容的发展观。以创新发展增强合作动力，为破解全球经济发展困局开出中国药方。以开放发展扩展合作空间，坚持倡导自由贸易体系，致力于构建多边贸易体制，以开放的胸怀提振全球发展信心。以联动发展深化合作共识，形成

第四章
新时代新征程继续践行亲仁善邻

利益共赢的全球经济发展联动体系，实现共同发展。以包容发展增强可持续性，以全球合力缩小国家间发展差距，增强全球发展的共享性和普惠性。三是义利相兼、以义为先的新型义利观。中国主张多予少取、先予后取、只予不取，以正确义利观凝聚发展共识。坚持"以义为先"，国家不分大小、强弱一律平等，反对恃强凌弱、以大欺小的无理行为，维护国际公平正义。坚持"义利兼顾"，推动国际关系朝着双赢、多赢、共赢的方向发展，用国际合作发展的"公利"巩固共同体意识，构建共同繁荣的利益共同体。

第二，倡导新型国际关系，凝聚和平发展的国际共识。面对西方根深蒂固的零和冷战思维，中国提出构建相互尊重、公平正义、合作共赢的新型国际关系，主张通过对话协商管控矛盾，依托合作实现共赢，为构建人类命运共同体凝心聚力。首先，以"相互尊重"反对强权思维，用平等性和包容性指导国际关系基本实践，反对霸权行为，筑牢国际合作的思想根基。其次，以"公平正义"强调国际交往的公义性，以公平突出平等，以正义促进法治。最后，以"合作共赢"实现共同发展，坚持发展成果的普惠性和共享性，反对零和博弈，实现共建共享。党的十九大提出"构建新型国际关系"，进一步阐明了新型国际关系的要义，为全球良性发展贡献中国智慧。

第三，构建全球伙伴关系网络，筑牢共同发展的合作根基。党的十八大以来，中国加快拓展和升级双边伙伴关系，迄今已与100多个国家和（次）区域组织建立了正式伙伴关系，全方位、多层次和立体化的全球伙伴关系网络初步形成。① 根据双边合作的紧密程度，伙伴关系网络可分为"友好""合作""战略"三个层次。其中，中俄新时代全面战略协作伙伴关系堪称双边伙伴关系的典范。根据地域范围划分，伙伴关系网络由地区和国际两个层次组成，地区层次的伙伴关系主要包括中欧全面战略伙伴关系、中拉全面合作伙伴关系、中非战略伙伴关系等。通过构建伙伴关系，协调推进与不同类型国家关系全面发展，扩大各方利益交汇点，不断增进团结合作，巩固壮大共同发展的积极力量。

第四，打造双边多边命运共同体，深化包容发展的全球意识。中国积极倡导并践行人类命运共同体理念，逐步形成辐射全球的命运共同体网络。首先，周边国家命运共同体愈加稳固。中国秉持"亲诚惠容"的周边外交理念，坚持大周边与小周边统一谋划，中朝、中缅、中柬命运共同体日益紧密。其次，发展中国家命运共同体焕发生机。中国始终致力于推动南南合作，中巴、中非、中拉、中阿命运共同体落地生根。最后，大国命运共同体逐渐成形。大国是国际合作的关键，对于促进世界和平与发展至关重要。中国积极发展同俄罗斯、德国、英国、法国等大国的友好合作关系，大国合作成为构建人类命运共同体的重要实践。

（二）激发全球发展动能

面对世界经济增长下行压力巨大、全球持续发展动能严重不足

---

① 陈志瑞、吴琳：《中国全球伙伴关系构建的多边主义转向》，《外交评论（外交学院学报）》2023年第4期。

第四章
新时代新征程继续践行亲仁善邻

的现实，中国提出"一带一路"倡议，目的是聚焦互联互通，深化务实合作，携手应对人类面临的各种风险挑战，实现互利共赢、共同发展，为全球发展增添新动力新能量。多年的建设实践证明，共建"一带一路"为世界经济增长开辟了新空间，为国际贸易和投资搭建了新平台，为完善全球经济治理拓展了新实践，为增进各国民生福祉作出了新贡献，成为共同的机遇之路、繁荣之路。

第一，"共商共建共享"打造互利共赢的合作模式。作为解决全球发展问题的基本方式，国际合作在全球发展治理中发挥着重要作用。面对碎片化的全球合作机制，"一带一路"倡议始终从发展的视角看问题，把"共商共建共享"作为发展合作的基本原则，致力于加强国际发展合作，坚持打造开放互利共赢的合作模式，已经取得丰硕成果。截至2023年6月底，我国已与150多个国家、30多个国际组织签署了200多份共建"一带一路"合作文件，共商共建共享等共建"一带一路"的核心理念被写入联合国、中非合作论坛等国际组织及机制的重要文件，共建"一带一路"倡议释放了强大的国际影响力、道义感召力、合作吸引力。推动共建"一带一路"走深走实，中国将为完善全球治理体系变革贡献更多智慧，为推动经济全球化朝着更加开放、包容、普惠、平衡、共赢的方向发展注入更强动力。[①]

第二，创新驱动打造富有活力的增长模式。"一带一路"倡议将创新驱动作为高质量发展的基础，打造富有活力的"创新之路"。一

---

① 人民日报评论部：《为完善全球经济治理拓展了新实践》，《人民日报》2023年10月12日。

是创新合作网络日益完善。中央部委完善顶层设计，地方政府着力对口援助，社会力量开展民间合作，多层次、宽领域、多主体的创新合作网络不断充实。成立"一带一路"国际科学组织联盟、出台"数字丝路"国际科学计划，联合研究成为"一带一路"创新合作的重要方式。二是创新合作项目落地生根。作为"一带一路"科技创新行动计划的重要内容，科技园区合作促进了"一带一路"共建国家间科技创新交流和技术对接。三是创新合作交流紧密。通过留学生、科学家短期科研、发展中国家技术培训班、国际杰出青年计划等人文交流计划，为"一带一路"共建国家培养创新型人才。

第三，协同联动打造开放包容的发展模式。作为经济全球化的坚定支持者，中国积极倡导多边主义，反对贸易保护主义，中国人民张开双臂欢迎各国人民搭乘中国发展的"快车""便车"。"一带一路"倡议从提出到落实，始终贯穿开放包容理念。例如，准入门槛开放，不以意识形态、政治体制为限，没有任何附加条件，表现出鲜明的开放特征。二是议程设置包容，以"战略对接"为主要抓手，无论国家大小、社会制度如何，通过开放性协商都能达成适合的发展议程。三是贸易投资便利，以"五通"为主要内容，坚定支持自由贸易体制，通过"一带一路"国家互联互通推动区域经济发展。截至2023年8月底，80多个国家和国际组织参与中国发起的《"一带一路"贸易畅通合作倡议》。中国与28个国家和地区签署21个自贸协定；《区域全面经济伙伴关系协定》（RCEP）于2022年1月1日正式生效，是世界上人口规模和经贸规模最大的自贸区，与共建"一带一路"覆盖国家和地区、涵盖领域和内容等方面相互重叠、相

第四章
新时代新征程继续践行亲仁善邻

互补充,在亚洲地区形成双轮驱动的经贸合作发展新格局。

(三)分享中国发展经验

目前,中国已成为世界第二大经济体、第一大货物贸易国、第一大外汇储备国和第一大工业国,创造了人类历史上的发展奇迹。中国发展为世界提供了不同于西方的现代化模式,"中国模式""中国道路"蕴含的东方经验可为其他发展中国家提供重要借鉴。与西方国家强推自身发展模式不同,中国不输出模式,也不要求别国"复制"中国做法,中国愿意同世界各国人民和各国政党开展对话和交流合作,分享中国发展经验,共同治理全球发展赤字。

第一,在合作共建中分享发展理念。党的十八大以来,中国提出一系列发展新理念、新思想、新战略,并在合作共建具体项目中与国际社会分享。一是"以人为本"的发展理念。人民是国家发展的出发点和落脚点,坚持发展为了人民、发展成果由人民共享的理念。二是渐进探索的发展理念。"摸着石头过河"曾为改革开放提供了重要启示,试验园区建设也是"一带一路"倡议坚持"试验—推广"探索式发展理念的具体体现。三是共商共建共享的发展理念。大家一起发展才是真发展,可持续发展才是好发展。"一带一路"倡议和人类命运共同体建设始终坚持成员的平等性、过程的参与性和结果的公平性。

第二,在交往互动中交流发展经验。近年来,中国通过举办论坛、博览会等方式,积极向谋求发展的国家分享经验。一是治国理政经验交流,包括参与金砖国家治国理政研讨会、成立党的十九大精神对外宣讲团、出版《习近平谈治国理政》外文版等交流活动。以金砖国家治国理政研讨会为例,中国积极倡导并参与相关会议讨论,并将其作为金砖国家领导人会晤的配套活动,为相关国家分享治国理政经验创造新平台。二是政党建设经验交流,包括举办中国共产党与世界政党高层对话大会、中国—中东欧政党对话会、中缅政党对话会、中美政党对话会等交流活动,搭建多种形式、多种层次的国际政党交流合作网络,汇聚构建人类命运共同体的强大力量。以世界政党高层对话大会为例,近300个政党和国际组织领导人出席大会,讨论政党发展、国家建设的经验。三是合作发展经验交流,包括"一带一路"高峰合作论坛、中非合作论坛、中拉合作论坛、中阿合作论坛等形式多样的论坛交流活动。以"一带一路"高峰合作论坛为例,中国倡导建立固定化交流机制,同与会国家交流分享发展经验,提升"一带一路"共建国家发展的持续性。

第三,在具体领域共享发展经验。中国不输出发展模式,而是积极与各国共享解决发展难题的中国经验。例如,分享精准扶贫减贫领域经验,包括成立中国国际扶贫中心和中国国际发展知识中心、举办中国扶贫国际论坛等。进入新时代,中国担负大国责任,推动对外援助向国际发展合作转型升级,为破解全球发展难题、落实联合国2030年可持续发展议程提出中国方案、贡献中国智慧、注入中国力量。

四、破解"治理赤字"的中国方案

党的十八大以来,以习近平同志为核心的党中央统筹国内国际两个大局,审时度势、主动谋划,提出了一系列有关全球治理的新思想、新论断、新举措,中国日益成为全球治理体制变革的重要引领者。在这一过程中,中国始终站在人类共存共荣的政治高度,着眼于当前世界的全球治理赤字,为推动全球治理体系更加公正、合理和高效,不断提供新的思路和方案。

(一)坚持共商原则,推动全球治理的民主化

理论上讲,全球治理的权力结构往往是特定时期国际力量对比的反映。如果国际力量对比与权力分配格局长期处于失衡状态,必然导致全球治理危机,加剧世界的动荡与失序。冷战结束以来,西方国家凭借强大的实力威望确定其在国际体系中的主导地位,全球治理是典型的霸权式治理。进入21世纪以来,特别是2008年国际金融危机以来,西方国家的实力地位显著下降,新兴国家和一批发展中国家发展迅猛,同时大量非国家行为体在国际事务中空前活跃,推动国际力量对比深刻调整。在这一背景下,西方国家希望继续维持对全球治理的垄断性权力,新兴国家和发展中国家要求增加自身在全球治理中的地位和话语权,非国家行为体呼唤在全球治理中展现更大的作为,从而加剧了国家之间、国家与非国家行为体之间的矛盾和冲突。

正是在这个意义上,中国坚持共商原则,致力于推动全球治理

的民主化。首先是全球治理主体的多元化。全球治理的对象是跨越区域和国界的公共问题，这意味着全球治理需要世界各国广泛参与。国家不分大小、强弱、贫富，都是国际社会平等成员，理应平等参与决策、享受权利、履行义务。除主权国家外，全球治理还需要动员国际组织、跨国公司、社会团体等非国家行为体的积极性，形成参与全球治理的强大合力。其次是全球治理过程的协商性。全球治理过程是国际社会各行为体通过协调、合作、确立共识等方式建立或维持理想国际秩序的过程。中国反对将个人意志强加于人的霸权式治理，主张通过多元主体之间的平等协商和集思广益来找到解决全球问题的办法。习近平总书记指出，什么样的国际秩序和全球治理体系对世界好、对世界各国人民好，要由各国人民商量，不能由一家说了算，不能由少数人说了算。最后是全球治理权力的均衡性。当前，新兴国家和发展中国家的地位和话语权在全球治理的权力结构中还没有得到充分体现，推动全球治理决策权力更加均衡地配置可以缓解新兴国家和发展中国家的政治不满，推动全球治理体制朝着更加公正合理的方向发展。习近平总书记强调，要推动变革全球治理体制中不公正不合理的安排，增加新兴市场国家和发展中国家代表性和发言权，确保各国在国际经济合作中权利平等、机会平等、规则平等。

（二）坚持共建原则，推动全球治理机制的变革创新

机制建设是全球治理的重要环节，全球治理机制的质量和水平决定着全球问题解决的进度和效果。面对全球治理的机制赤字，中

第四章
新时代新征程继续践行亲仁善邻

国主张以机制的改革创新为抓手,着力构建更加充分和高效的全球治理机制。

首先,高举多边主义大旗,推动全球治理机制的改革与整合。在政治安全领域,联合国经历了 70 多年的运转之后出现了能力不足、机构臃肿和合法性危机等问题,中国主张在广泛凝聚共识和充分政治协商的基础上通过渐进式改革重塑联合国的国际权威,同时反对个别国家对联合国合则用、不合则弃的机会主义态度,坚定维护以联合国为中心的现行国际秩序。在世界经济领域,自 2008 年国际金融危机以来,G20 异军突起成为协调全球经济事务的主要平台。然而,成员国发展势头的分化、缺乏强有力的执行机制以及大国政治对抗的加剧,使其发展陷入困境。在 G20 杭州峰会上,中国大力倡导 G20 从危机应对平台向长效治理机制转型,通过完善组织功能、议事规则和执行机制来提高效率,并推动关注议题的不断拓展来增强机制的生命力。在全球贸易领域,WTO 的国际权威存在被削弱的风险。中国主张维护 WTO 的权威性,呼吁推进以协商一致、互惠互利为基本原则,以兼顾公平与差别、开放与自主为目标方向的世贸组织改革,努力凝聚推动 WTO 改革的国际共识。在国际金融领域,中国主张国际货币基金组织、世界银行等机构的进一步改革,同时推动亚洲基础设施投资银行、金砖新开发银行的职能完善和业务拓展,以切实反映国际力量对比的新变化。此外,中国主张全球治理必须保持机制和政策的开放性,积极加强各类治理机制之间的有效整合与对接,防止治理机制的封闭化和碎片化。

其次,积极制定新兴全球问题领域的治理规则。当前,网络、海洋、极地、太空等新兴议题成为全球治理的新高地。这些领域普遍缺乏成熟且被广泛认可的治理规则，各方无序竞争将导致相关问题的治理混乱。中国主张推进建设全球治理的新机制新规则，为新兴领域的全球治理提供制度支撑。以全球网络治理为例，当前网络安全威胁日益突出，网络安全风险不断向各领域传导渗透，各国网络安全事件频发，导致信息泄露、财富损失等问题，严重干扰了企业和个人的安全及生活。世界主要大国纷纷将网络安全视为国家安全的重要内容，竞相制定网络安全战略，开发网络技术和武器系统，以争夺国际较量的新高地。此外，由于利益诉求和政治认知的差异，国际社会针对网络安全的主要威胁、机制保障等缺乏统一立场，导致网络安全领域竞争有余、纷争不断。基于此，习近平总书记提出国际网络空间治理应该加强对话交流，有效管控分歧，推动制定各方普遍接受的网络空间国际规则，制定网络空间国际反恐公约，健全打击网络犯罪司法协助机制，共同维护网络空间和平安全。除此之外，中国还积极参与海洋、太空、极地等新兴领域的国际规则制定，以构建更加充分高效的全球治理规则体系。

（三）坚持共享原则，确保全球治理成果均衡普惠

从国际层面看，中国主张全球治理的收益应该在国家之间更加均衡合理地分配，以共享共赢为目标，不搞一家独大或赢者通吃。正如习近平总书记指出的一样："世界长期发展不可能建立在一批国家越来越富裕而另一批国家却长期贫穷落后的基础之上。只有各国共同发展了，世界才能更好发展。"

第四章
新时代新征程继续践行亲仁善邻

中国积极开展对外援助，共向 166 个国家和国际组织提供近 4000 亿元人民币援助，派遣了 60 多万名援助人员，先后七次宣布无条件免除重债穷国和最不发达国家对华到期政府无息贷款债务，展现了一个社会主义大国的责任与担当。同时，中国不断呼吁将发展议题纳入重大国际会议的议事日程，致力于通过多边合作共同提高广大发展中国家的地位和待遇。

实现共同发展是世界人民的普遍愿望，推动各国经济的包容和可持续发展是克服全球治理正义赤字的必然要求。中国一贯主张打造平衡普惠的发展模式，要让发展更加平衡，让发展机会更加均等、发展成果人人共享。具体而言，政府应加大公共产品供给力度，解决好贫困、饥饿等社会托底工作，通过教育、医疗、就业等方面的政策倾斜来培育社会弱势群体的竞争力，同时加快完善利益补偿和转移机制，对全球化进程中的受损者进行必要保障，使财富蛋糕能够更加公平地分配。

中国为世界提供了很好的榜样示范。自改革开放以来，中国政府通过经济发展、政治动员和社会参与大力消除贫困，数亿人摆脱绝对贫困，减贫数量超过全球的七成以上，成就了中华民族和世界发展史上的奇迹。在此基础上，中国共产党将促进民生改善、减少贫富差距作为治国理政的重点，通过创新社会治理政策、健全公共服务体系，着力解决教育、就业、医疗、养老、环境等社会热点、难点和痛点问题，不断增加老百姓的安全感、获得感和认同感。这些政策避免了贫富差距的持续扩大，不仅体现了社会的公平正义，同时为经济发展提供了新的强劲动力。中国愿意同世界各国，特别是广大发展中国家分享脱贫攻坚和可持续发展的经验，共同做大分好全球财富的蛋糕。

目前，全球治理体制变革正处在历史转折点上，世界上的事情越来越需要各国共同商量着办，建立国际机制、遵守国际规则、追求国际正义，是国际共识、大势所趋。在此背景下，积极参与并推动全球治理成为中国特色大国外交的鲜明特色，充分彰显了习近平外交思想"胸怀天下"的底色、"亲仁善邻"的坚持，以及"大国担当"的格局。通过构建人类命运共同体、共建"一带一路"、成立亚洲基础设施投资银行等真正的多边主义理念与实践，中国参与全球治理的制度性话语权不断提升，中国外交的国际塑造力也将不断增强。